雅藏岭南

节庆里的岭南

《雅藏岭南》编委会 编著

南方日报出版社
NANFANG DAILY PRESS
中国·广州

图书在版编目（CIP）数据

节庆里的岭南 / 《雅藏岭南》编委会编著. — 广州:南方日报出版社, 2024.7
（雅藏岭南）
ISBN 978-7-5491-2745-0

Ⅰ. ①节… Ⅱ. ①雅… Ⅲ. ①节日－地方文化－广东 Ⅳ. ①K892.1

中国国家版本馆CIP数据核字(2023)第194420号

JIEQING LI DE LINGNAN
节庆里的岭南

编　　著：《雅藏岭南》编委会
出版发行：南方日报出版社
地　　址：广州市广州大道中289号
出 版 人：周山丹
出版统筹：阮清钰
责任编辑：黄敏虹
封面设计：二间设计
内文设计：邓晓童
责任校对：朱晓娟
责任技编：王　兰
经　　销：全国新华书店
印　　刷：广东信源文化科技有限公司
开　　本：889mm×1194mm　1/24
印　　张：9.5
字　　数：200千字
版　　次：2024年7月第1版
印　　次：2024年7月第1次印刷
定　　价：68.00 元

投稿热线：(020) 87360640　读者热线：(020) 87363865
发现印装质量问题，影响阅读，请与承印厂联系调换。

总序

寻找岭南的『雅藏』

岭南文化一直是我社的“主攻方向”之一，“塑造岭南文化活力库”就是我们所致力打造的“四库”之一。二十多年来，我们立足广东，策划出版的岭南文化图书已粲然可观。近年来，无论是聚焦介绍现当代文艺名家的“岭南文艺百家”丛书，还是立足人文湾区文化名片的“人文湾区 岭南三秀”丛书，抑或是讲述岭南特色非遗的“粤雅小丛书”，又或者是散点透视岭南地方文化的“广东新语”书系，都可见我们的努力和创意。我们不是要做文库、大典类的高头大部，也不求学术著作那样的体大思精，而是能适应这个时代阅读新体验的普及性读物，短小轻巧、通俗好读，不会让人望而生畏，而是即之可亲，充满年轻态，有活力，能推动传统岭南文化的创造性转化和创新性发展。

策划这套岭南文化丛书之初，我们的编辑就为这尚在腹中的胎儿“肇锡”了颇多“嘉名”——“古雅岭南”“大雅岭南”“世说岭南”“走读岭南”，诸此种种，“雅藏岭南”的选项也侧身其中，但大家总觉得应该还有更好的在后头，于是又经历了一番众里寻他，蓦然回首，最后选择了“雅藏岭南”作为丛书名。

或许，“雅藏岭南”从开始就已经注定不太可能是“第一眼美女”。但我们希望通过一些努力和创意，她可以是那种相对“耐看型的美人”，能有其独特的韵味和风华，能耐得品评，亦值得回味。

“雅藏岭南”，顾名思义，就是岭南这地方“藏”着“雅”，亟待挖掘、梳理，供人欣赏、品味。然而如果再品评、回味，倒能咂摸出另一番味道。因为“藏”字，除了较为通行的潜藏、隐藏之意外，其实还有矿藏、宝藏的另一解释。如此，一个特别的概念也便呼之欲出了——“雅藏”。

何为“雅藏”？简而言之，就是雅之宝藏，也可谓为雅之无尽藏。雅是中国人的独特美学，与俗相对，共同构成审美的两极。但在我们看来，“雅藏”不应与世俗有着截然的分野，它所涵括的范围，不应只是文玩、古董、艺术品，博物馆的陈列、收藏家的雅好，或者其他一切文学艺术审美范畴，而应该有其更广大的时空，是千百年来生长于斯的岭南先贤的创造凝结，是与世俗相融、为大家日用而不觉的美学传统，它并不深思高举，超然远引于世俗之外，而是在与世推移中从尘俗里开出的花、结出的果。

循着这个思路，重新寻找岭南的“雅藏”，并通过这些“雅藏”去回溯或还原曾经的岭南，这正是这套丛书的价值和意义。

“雅藏岭南”，也可以说是“岭南雅藏”，它孕育于南粤大地之上，蕴藏于岭南文化之中，也便打上了其深刻而鲜明的烙印。它既有古今传承的印记，更有中西交汇的痕迹；既有革故鼎新的精神，又有雅俗共赏的气质，由此形成了古今传承、中西交汇、推陈出新、艺俗相融的“岭南雅藏”。

“雅藏”何其多，势必难以包囊并举。如前所述，我们的宗旨，从来是不求“大而全”，力求“小而美”。所以我们的“雅藏岭南”，自然不是弥勒佛的乾坤袋，什么都可以往里装；但也不像孙悟空给唐僧画定的小圈子，壁垒森严，生人勿入，它应该更像那金角大王的紫金红葫芦，只有我们能想得到、叫得上名的才往里收。于是最先被“点名”的四个应声入内，就是呈现在大家面前的诗词、古画、古建和节庆。

这四大“雅藏”在岭南大地由来已久，流传至今，它们藏得不深，所处不远，就在当下，就在眼前；有的是耳熟能详、约定俗成的“雅藏”，如诗词、古画，是显性的雅；有的是日用而不觉，却又不可须臾分的“雅藏”，如古建、节庆，是隐性的雅。如果以时空来分别，有的是属于时间之“雅藏”，如节庆、诗词，有的又是空间之“雅藏”，如古画、古建。如以四时品赏而论，则春宜读诗词，可以引雅兴的勃发；夏宜看古画，可以得卧游的清致；秋日晴和，宜赏古建；冬待来年，宜宣节庆。

我们冀望读者们能在诗词里涵泳岭南文学之雅，在古画里品味岭南艺术之雅，在古建里探寻岭南筑造之雅，在节庆里领略岭南风俗之雅。

在这里你尽可做一个穿越时空的旅行者，看见可心的诗词，吟哦涵泳；遇见美丽的绘画，游目骋怀；经过典雅的古建，游览歇憩；逢着热闹的节庆，悦目赏心。但得雅藏如啖荔，不辞长作岭南人。

是为序。

《雅藏岭南》编委会

2024年6月

前言

“年，谷熟也。”古时，人们将谷的生长周期称为“年”。古代劳动人民从自然农事活动中，因应气候变化，观察自然作物的生长规律，进而划分出一年中的“岁时节令”。中国的传统节日以岁时为基础，不同的时节有着不同的节庆民俗活动，讲究自然时序与人文时序的一一对应，以年为周期，循环往复，周而复始。每一个传统节日都有其特定的节期节俗，都蕴含着深邃丰厚的文化内涵。

一方面，岭南节庆民俗文化根系中原，这与民系的组成有很大的关系。岭南地区自秦汉以来，便受到中原文化的强大影响，岭南民俗处处显现着中原文化的影子，尤其在节日民俗方面，如春节、元宵、清明、中秋、冬至等，基本是承袭中原习俗，活动内容也与其大致相同。另一方面，岭南地区独特的百越文化，使岭南民俗依然保留着百越土著特别的风韵，同时，岭南民俗也受到海洋文化、西方文化的影响。综合而言，岭南的地缘特点和历史原因造就别具特色的岭南节庆民俗文化——传统的中原文化、独特的地域文化和海洋港口文化相融合，呈现出南北文化交融和中西文化结合的特点。

随着现代“文化遗产”内涵的更迭及我国非遗四级名录体系的建构，民俗节庆文化在新时代焕发新生，逐渐“标准化”“庆典化”，并转向“遗产化”“资源化”，岭南地区丰富的“非物质文化遗产资源宝库”逐步形成。活态的节庆活动为非物质文化遗产的传播提供了良好的平台，同时，非物质文化遗产丰富了节庆活动的内容，突出了地方节庆的多样性与特色，两者相互促进，相互影响。

本书共精选出100个能代表岭南气质的非遗民俗节庆，从承载岭南民俗文化的细小局部和环节入手，以图文并茂的形式向读者解读岭南节庆民俗。全书采用“时间+主题”的形式，按四季时序分“社火闹春”“仲夏行凉”“秋登赏月”“送腊迎春”四篇（七夕节俗一般在立秋前后，为平衡篇幅，本书将“人间乞巧”归入“仲夏行凉”篇，“喜贺丰收”中部分节俗虽在冬时，但岭南入冬犹存秋意，且多为庆丰收主题，故一并归入“秋登赏月”篇），再按日常主题分“礼俗之喜”“歌舞之乐”两篇；每小节内的非遗民俗根据级别范围、入选时间早晚为先后次序。

民俗节庆，是一场传承千年的文化表达。这些古老的节庆习俗并未被现代化浪潮冲淡光彩，反而在历史长河中沉淀、传承、发展，愈加耀眼。如龙舟竞渡，最早出现在百越地区，是古越人祭水神或龙神的一种祭祀活动，后演变为中国民间传统水上体育娱乐项目，已流传两千多年；行花街是珠江三角洲人民群众相沿已久的民间习俗，人们在迎春花市上买年橘，寓示来年大吉大利、大展宏图；还有舞狮舞龙艺术、飘色、水色、秋色、元宵灯会、乞巧节、波罗诞等。它们是社会共同的记忆，清晰地记录着岭南人丰富而多彩的社会生活文化内容，也积淀着博大精深的历史文化内涵。

随着时代的发展、社会的变化，岭南地区的节日、庆典等的内容和形式也在悄悄地发生着变化。有的非遗民俗在当代社会已经变得遥远而陌生，有的又正逐步以古老的形式回归大众视野。但它们依旧彰显着非遗独特的魅力，启示着我们：非遗是有生命力的“活化石”，仍然可以融入当下的现代生活，在日常中绽放光华。

目录

壹 社火闹春

除旧迎新

上元灯火

新春庙会

贰 仲夏行凉

清明雨上

端午竞渡

人间乞巧

叁 秋登赏月

中秋月圆

重阳登高

喜贺丰收

肆 送腊迎春

冬至阳生

伍　礼俗之喜

陆 歌舞之乐

丝竹和鸣

腾跃起舞

登台唱戏

壹 社火闹春

YACANG LINGNAN

雅藏岭南

潮阳英歌

非遗级别：国家级
非遗类别：传统舞蹈
公布时间：2006年（第一批）
流布区域：汕头市、揭阳市普宁市

■ 英歌舞

■ 舞棒方阵

■ 拿着长蛇道具的领头角色

"咚咚锵，咚咚锵……"每逢传统佳节，一群画着戏曲脸谱的英歌舞演员便舞动在广东潮汕地区。他们手持英歌槌，随着锣鼓声将其翻转叩击，舞姿刚劲有力、气势恢宏。英歌舞"南舞北相"令人称奇，使人不禁疑惑，给人以"温和婉约"印象的岭南，为何产生如此威猛豪迈、被誉为"中华战舞"的"民间街舞"？

英歌是一种集舞蹈、南拳套路、戏曲演绎于一体的民间广场舞蹈。表演时场面气势豪壮，多由男子表演，取歌颂英雄之意，至今已传承了三百多年。它延续了汉族民间广场舞蹈和傩文化形态，明代又吸收了北方秧歌，这才逐渐演变成潮汕地区一种独具特色的民间舞蹈艺术。按舞蹈节奏的板式划分，大致可分为慢板英歌、中板英歌和快板英歌三种。慢板英歌节奏较慢，所用舞棒比其他流派长，其基本舞法是三下槌或四下槌构成一组动作，慢中见势，势中显气，凝重古朴而又舒展优美。中板英歌节奏较慢板英歌略快，基本舞法有打五棒、七棒（英歌舞）构成一组动作的，也有打八棒、十棒、十一棒、十三棒构成一组动作的。其特点是于稳健中见潇洒，古朴中现圆活。快板英歌的节奏快、鼓点紧，并随着队伍的阵势开合而多生变化。

在潮汕民间，能够扬正压邪、吉祥平安的英歌，深受群众喜爱和推崇。每逢民俗祭祀、喜庆节日，总能看到英歌舞的身影。潮阳英歌分布面广，辐射力强，几乎每个镇（街道）都有英歌队，有些镇甚至同时拥有几支不同风格或不同年龄结构的英歌队伍。

汕尾滚地金龙

非遗级别：国家级
非遗类别：传统舞蹈
公布时间：2006年（第一批）
流布区域：汕尾市陆丰市

■ 金龙造型

什么是滚地金龙？相比常见的龙舞，汕尾陆丰大安南溪村的“滚地金龙”可谓独树一帜。其龙头、龙身、龙尾三部分连成一体，演出时由二人进入“龙身被套”，一人舞龙头，一人舞龙尾。

“滚地金龙”始创于南宋，据记载，明嘉靖年间，黄氏光昭公一支从福建漳州移居广东陆丰南溪村，带来《滚地金龙演史传》的传本，并繁衍了十七代。后来该村的金龙艺师、传统武术师将“滚地金龙”传播至周围村庄。南溪村“滚地金龙”的表演过程分为“开场见礼”“打围巡

■ 汕尾滚地金龙表演

洞”“游潭戏水”“抻筋洗鳞”“伏蜇闻雷”“迎雷起舞”“驾云飞腾”“收场还礼”八个舞段，模仿龙的旋舞飞腾、戏水嬉耍、沉思奋醒、柔静盘曲、勇猛奋进等动作，结构简单精彩，严密紧凑，跌宕起伏，动静结合，和谐协调。它最大的一个特点就是“滚”，在地面上翻滚起舞，技巧深、难度大。伴奏用威武雄壮、嘹亮开阔的海陆丰正字戏的“牌子大锣鼓”，大唢呐按不同的表演情节吹奏不同的曲调，有“宫娥怨”“哭皇天”“山坡羊”“八板头”等曲牌。情节丰富、套路众多、舞段精彩、技艺兼善是这个舞蹈的基本特点。

“滚地金龙”一直都是春节期间陆丰人民“闹春”的传统保留节目，体现出龙能刚能柔，善静善动，能显能藏，自强不息的积极进取精神。1996年，南溪村被广东省文化厅授予“民族民间艺术之乡”称号。

乔林烟花火龙

非遗级别：国家级
非遗类别：传统舞蹈
公布时间：2008年（第二批）
流布区域：揭阳市东山区乔林乡

乔林烟花火龙

“烧龙锣鼓响，心蓬厂；烧龙烟花起，人欢喜。”（“蓬厂”，潮州方言，激动、鼓动之意）乔林烟花火龙，俗称“烧龙”，相传源自明代，少年神箭手林小龙一支火箭击退贼兵，乔林寨乡民便以“烟花火龙”的方式庆祝一方太平，从此衍为习俗，在当地世代相传。

揭阳乔林乡每年春节都有游龙、舞龙和烧龙习俗活动。每年的农历十二月中旬，乔林乡民开始扎制火龙，次年正月初一开始到初五举行游龙、舞龙活动。正月初六则开始进行“武装”，在三四十米长的九节龙具，包括龙头、龙身、龙尾以至龙眼、龙嘴、龙喉和龙须内，装填和插满各式烟花火箭。烧龙表演于正月初十夜盛大举行，当晚乔林乡熙来攘往，家家户户点上灯笼，通宵达旦，为的是一睹烟花火龙的绚丽景观。乔林烟花火龙表演前，舞龙队三十多名健壮青年，须先斋戒沐浴，然后头戴竹笠，身穿短裤，赤膊上阵。表演开始后，先同时点燃龙具上的烟花火箭，接着由火把引路，龙珠前导，人们高擎巨龙，以各种花样套式和造型绕场起舞，动作简练、快捷、流畅。

通过举行烟花火龙活动，火花闪耀间，当地人民勇敢、刚强、百折不挠的品格随着火龙的舞动得到充分的体现。作为传统龙舞的表现形式之一，乔林烟花火龙在历代艺人的发展和民众的集体参与下，集舞蹈、服饰、潮乐、武术于一体，表演风格粗犷、威猛、豪迈，是我国龙文化在潮汕民间极具地方色彩的一种独特体现。

荷塘纱龙

非遗级别：国家级
非遗类别：传统舞蹈
公布时间：2008年（第二批）
流布区域：江门市蓬江区

■ 舞动着的荷塘纱龙表演

“岸上龙出海，水中出火龙。”人们在鱼塘中央搭起了一道30米的长桥，桥上舞动着的荷塘纱龙和倒映在水中的龙影交相辉映，灯光在水中摇曳，如真似幻，这便是有名的“舞龙桥”表演，被誉为“岭南一绝”。

在当地，荷塘纱龙的雏形是以草为原材料制作的草扎“游龙”，后来糅合四川“彩龙”玲珑活泼的特点，便有了最早的纱龙灯。20世纪初，留日乡民李育颖借鉴日本的舞龙工艺加以改造，逐渐发展成为现今的荷塘纱龙。荷塘纱龙的突出特点在于以特制的轻纱作龙衣，用金钱片式的红、黄绸布贴作龙鳞，龙体内装上有防风防滴装置的蜡烛，在夜间点燃时，整条龙通明透亮，舞起来金光闪耀，宛如滚动的彩虹。荷塘纱龙创造了一整套以武术为功底，多变化的“线”与高难度的“点”相结合的舞蹈套路，分平面和立体两式：平面式为行进路线的姿势，立体式为技巧性舞蹈造型。整套龙舞约用时一小时，花式纷呈，变化多端，技巧性强，高难度动作频出，高潮迭起，却能使龙体内蜡烛经久不灭，居高临下观赏时大有“展翅欲凌三级浪，昂首直上九重天”之气概。

荷塘纱龙饮誉省港澳，名扬海内外。其屡经改进，融合古今中外各种舞龙的长处，并从当地河涌纵横、鱼塘星罗棋布的实际出发，创造出“舞龙桥”的精彩表演，形成自己独特的优势。荷塘镇因纱龙独特的创造和浓郁的地方特色，先后被省文化厅、国家文化部授予“广东省民间艺术之乡”“中国民间艺术之乡”称号。

吴川飘色

非遗级别：国家级
非遗类别：民俗
公布时间：2008年（第二批）
流布区域：湛江市吴川市

"所谓年例，即是年年有例。"年例，是粤西居民过年的贺岁方式，各类节庆活动令人目不暇接。在吴川地区年例活动中，游神是最重要的民俗形式之一，因此举行当天的重头戏，当属吴川飘色巡游。

吴川飘色始于晚清，从广州番禺传入，常见于农历正月过年期间，每年都会吸引着全国各地的游客前来观赏。作为吴川民间艺术"三绝"之一，它集戏剧、音乐、美术、魔术、杂技于一体。一板飘色就像一座活动的小舞台，在类似色柜的木台上安装

吴川飘色

一个可转动的板凳，打扮成戏剧人物的表演者或坐或立；上方“延伸”开来的飘色人物靠一根隐蔽的钢筋制“色梗”支撑，在外看来，表演者如同凌空站立，飘然欲飞，惊险奇妙。凌空而起的人物造型称为“飘”，由此组成一板飘色。飘色内容一般以历史故事、神话故事和民间传说为主，如《白蛇传》《唐僧取经》《八仙贺岁》等。吴川地区正月举行年例期间，开始游神前，全村男女老少臂挎肩挑，将供品集中到村中空地上，摆上供桌，待游神队伍到此停留拜祭。在游神时，村民们抬着飘色游行，以祈求出入平安、来年风调雨顺，部分乡村游神时还有傩舞等随行。

■ 飘色队伍

吴川飘色艺术的发展与传统节日年例息息相关。做年例在吴川已有几百年的历史，年例的举行大多选在农历正月和二月，也是农村地区最盛大的节日。正所谓“年例大过年”，作为吴川地区一年一度的欢庆活动，除大摆宴席外，还会邀请各类民间艺术队伍表演，飘色活动也由此不断发展壮大。

樟木头舞麒麟

非遗级别：国家级
非遗类别：传统舞蹈
公布时间：2011年（第三批）
流布区域：东莞市樟木头镇

“以纸糊麒麟头，画五彩。缝棉被为麟身，两人舞之，舞罢，各演拳棒，曰舞麒麟。”樟木头镇是东莞市唯一的客家乡镇，舞麒麟是樟木头镇的客家传统舞蹈，明末清初由客家人从北方带来，距今已有450多年的历史。

■ 樟木头舞麒麟

■ 麒麟头造型

樟木头舞麒麟由一个壮年男性操舞麒麟头，一少年男童牵动麒麟尾，分为“头套”和“尾套”两部分。“头套”表现麒麟梳毛、舔脚、舔尾、舔身、洗脸等动作；“尾套”表现麒麟寻青、闻青、试青、找青、逗青、采青、吃青、吐青等艰辛过程，动作主要有翻腾、滚动、甩头、咬尾、逗尾等。樟木头舞麒麟主要表现“麟趾呈祥”“采青赐福”的主题，故当地将麒麟头设计为龙头形状，体现“龙生九子，麒麟为长”的传说；头上有一向前翘起的五色独角，寓意“独占鳌头”和“头角峥嵘”；头、颈、嘴分别镶有塔形彩钉、铜制圆镜、金线图案，寓意“人丁兴旺”“驱恶避邪”“金口玉言”；身着五色彩披，象征金木水火土五行，上绣“风调雨顺”等。舞完麒麟紧接着是武术表演，从徒手单打开始，到双人对打、持械对打，继而多人持械连环对打。此时表演到达高潮，最后由长者师傅手持3—4米长的木棍单打，预示演出即将收场。打完，绕场拱手行礼，观众报以热烈掌声，或点燃爆竹祝贺。

舞麒麟是樟木头春节期间必备的传统节目，大年初一、元宵节都可见它舞动的身影。当地至今活跃着多支麒麟队，他们往往由一个村、一个家族组成，保留着在节庆期间入村上街、挨家逐户恭贺新春佳节的数百年习俗。

■ 三灶鹤舞

三灶鹤舞

非遗级别：国家级
非遗类别：传统舞蹈
公布时间：2011年（第三批）
流布区域：珠海市金湾区

啄食、梳羽、跳跃、振翅，白鹤的灵动与仙气展现于惟妙惟肖的舞姿间，这就是珠海市三灶镇独特的三灶鹤舞。当地在大年初一至元宵节期间必举行舞白鹤、唱鹤歌的贺年活动，村中的晚辈要向同族长辈送上一张红帖，敬告仙鹤降临，祝福老人健康长寿，彰显鹤舞的象征意义。

“白鹤仙仙白鹤仙，人鹤共聚在庙前，今晚请你拜新年，人鹤欢乐过新年。”这是“开光”时所唱的鹤歌之一，三灶鹤舞的表演，离不开鹤歌的演唱。舞蹈自始至终均有鹤歌同时演唱，尤为特别的是，每首鹤歌的开头词都必须为“白鹤”，歌词内容可与舞蹈的情节动作不相联系。三灶鹤舞分开光、拜老、羽化三个固定仪式，表演时多使用道具白鹤，鹤头的材质为木头，鹤身用竹篾编制，羽毛从前用竹叶，后来用白纸糊制，鹤脖用纱帐制成，里面用一根细竹竿支撑并供舞者操作，不见翅膀和脚，造型只求神似，整件道具当地俗称“鹤衣”。三灶鹤舞的表演队伍由五人组成：一人跳鹤舞，一人唱鹤歌，三人使用打击乐器伴奏。表演时舞者披上鹤衣，模拟白鹤从睡醒开始，然后梳理羽毛、觅食、踩水、嬉戏到飞翔的各种姿势神态，动作优美，轻盈灵动，惟妙惟肖。

三灶镇地处南海之滨，山林葱翠茂密，滩涂水草肥美，飞禽野鸭成群结队在此栖息。当地人喜爱、崇拜白鹤，观其行，听其鸣，仿其舞，看其形，扎制鹤衣，创作鹤舞，演唱鹤歌，距今已有700多年历史。2011年，三灶鹤舞传习展示馆开馆，为三灶鹤舞的传承和发展提供宣传窗口。

■ 模拟白鹤动作表现白鹤仙骨灵气

春牛舞

非遗级别：省级
非遗类别：传统舞蹈
公布时间：2009年（第三批）
流布区域：肇庆市怀集县

“羸羸老牯牛，默默数春秋。田里禾苗壮，一步一点头。”春牛舞是怀集下帅壮族瑶族乡人民在长期的生产劳动中形成的娱乐节目，是一种运用采茶舞的表演形式，利用怀集当地的民歌唱腔，借鉴师公的唱赞形式的综合表演。

■ 春牛舞

■ 春牛舞

春牛舞的主要道具有“春牛”“犁”，一般由三个演员参与，两人扮舞牛，一人扮演农夫。舞牛者钻入布制的牛身内，一人作牛头，一人拱背作牛尾，每人的脚上穿着绘好的牛脚套鞋。农夫则身穿壮族服装，头包手帕，肩背木犁，腰系鱼篓。舞蹈基本套路为三段，分别是出场式、耕作式、造型结尾式。表演时，农夫跟在“春牛”后面，做犁田动作。犁田时，牛听从农夫的唱吟前行，时快时慢辛勤耕作，牛头左右上下摆动，以摇头摆尾的动作回应农夫。农夫一边吟唱一边犁田，时而碰上鱼虾俯身捕捞，时而帮“春牛”泼水擦背降温，把农夫勤劳善良、耕牛乐为主人干活的农耕生活表现得淋漓尽致。春牛舞的主要乐器有小京鼓、小京钹和小京锣等。锣鼓音乐按用处可分为闹棚锣鼓、演员出场锣鼓、念白锣鼓、表演锣鼓、结束入场锣鼓等五段。

中国人借牛力开垦耕种的历史悠久，一牛相当于十人的工作量，所以在没有机械化耕作的时代，农民创造出春牛舞以表示对牛的崇拜与尊敬，春牛舞的整个表演程式都源于农耕过程。春节期间，怀集当地村民走村过寨或在农家小院，或在村边广场演出春牛舞，祈求在新的一年里家家户户都能够五谷丰登、六畜兴旺、万事如意。

湛江人龙舞

非遗级别：国家级
非遗类别：传统舞蹈
公布时间：2006年（第一批）
流布区域：湛江市东海岛

“骑龙头，龙头落下水；骑龙尾，龙尾竖上天。”这是湛江人龙舞的舞龙队员表演时默念的口号。从现在的表演来看，湛江人龙舞的独特之处在于，它不需要借助特殊而繁复的道具与媒介，仅由人作为连接的媒介构成“龙”形。

一位村民说，小孩一般都做过龙脊，由父亲做龙桩，等到小孩长大了成为父亲，

■ 由人搭成的“龙脊”

就接着做龙桩，小孩的儿子做龙脊，如此世代相传，生生不息。湛江人龙舞有着高度的协调与默契，其他龙舞很少能够媲美。“人龙”由龙首、龙身、龙尾组成，没有节数限制，短可五六十节，长可达数百节。“龙头”一般由四人组成，一名大汉手握盾牌，身负三个小孩，以此象征龙舌、龙眼、龙角；龙身由前后两个大人撑起仰卧的孩童，小孩在中间做“连接”状，串联起龙身主体；龙尾的形式最活泼，通常由一个少年头戴“龙尾”后仰着扮演。

湛江地处雷州半岛，三面环海，天上地下的各种自然变化都会带来福祉和灾祸，而湛江人龙舞几经历史淘洗和文化沉淀所形成的起龙、龙点头、龙穿云、龙卷浪、沉海问宝等独具特色的表演程式，糅合了湛江古代先民们对海洋的崇拜与恐惧，同时观赏者也能在海天一色中直接感受到一种人化为龙、龙舞传神的绝妙境界。湛江人龙舞将古海滨群众娱龙、敬龙、祭海、尊祖、奉神等多种习俗融入“人龙”之中，形成了自创一体、独具一格的龙舞表演形式和“人龙”精神，具有“东方一绝”的美称。二十世纪八九十年代，人龙舞被挖掘出来，重新在湛江及附近多个地区舞动起来。

■ “东海一绝”湛江人龙舞

埔寨火龙

非遗级别：国家级
非遗类别：传统舞蹈
公布时间：2008年（第二批）
流布区域：梅州市丰顺县

龙腾布雨间，夜空中火龙流光溢彩，花火似星雨飘落，正如辛弃疾所写的那般“东风夜放花千树，更吹落、星如雨”。埔寨年年元宵烧火龙，远近观众聚集于此，万人空巷，欣赏一场集祈福、勇力、狂野、智慧、壮观、震撼于一体的视觉盛宴。

埔寨火龙通常是在传说中埋了浊龙龙身的地方表演。埔寨火龙起源于一个大义灭亲的民间传说。相传古时东海龙王的孙子浊龙，在埔寨一带无恶不作，残害百姓，青风公主奉老龙王之命，用屠龙宝剑处死了侄儿浊龙，为民除了大害，当地村民感念公主，便用竹篾稻草扎成“金龙”，并安插上爆竹香火，寓意金龙降临，保佑人间风调雨顺。埔寨火龙的特别之处在于其整个表演是由烧禹门、烧烟架、烧火龙三个环节组成。“烧禹门”取自大禹治水传说，“烧烟架”则是用一条形似“老鼠游梁”的引火线点燃烟架，这两部分都有着不同的烟花奇观。“烧火龙”是埔寨火龙仪式的压轴大戏，“点龙”过后，龙口吐出串串金珠，龙身喷出缤纷焰火，箭火频发，流星漫天，铳炮、鞭炮、鼓乐齐鸣，构成一个声光强烈、情境壮观、群情欢腾的盛大场面，表演也达到了高潮。

埔寨火龙是民间传说和民间风俗相结合的产物，是我国古老的焰火技艺和更为古老的龙舞相融合的独特创造，是民间人本思想和善恶观念的形象表达。经过历史变迁，埔寨火龙由一丈长发展到如今30多米长。埔寨镇也因火龙而闻名海内外，先后被省文化厅、国家文化部授予“广东省民族民间艺术之乡”“中国民族民间艺术之乡”称号。

■ 舞动着的埔寨火龙

洋村灯会

非遗级别：国家级

非遗类别：民俗

公布时间：2008年（第二批）

流布区域：江门市开平市

■ 洋村灯会

彩旗蔽日，爆竹声声；罗伞开路，龙狮伴随。从晨早到黄昏，游遍全乡，江门开平市水口镇泮村乡有一个别具特色的民间花灯巡游活动——泮村灯会。泮村灯会起源于明代，于明英宗天顺八年（1464年）正月十三初次举行，至今已有约560多年历史。

泮村灯会有一套相对固定的程序和仪式，包括扎灯、送灯、起灯、舞灯、打灯等。按照传统习惯，每年灯会需扎制三个大花灯，由龙田、塘唇、书厦三个村负责，每村各扎制一个花灯，须在正月十二中午前完成；当天下午，扎好的花灯由送灯队伍护送，从书厦村出发，送至厅泉祖祠供奉，并举行三牲醴酒拜神祭祖仪式。正月十三早晨起灯，需先选出舞灯头的村落，以金猪、生猪、生羊、凤鸡、果品等祭拜祖先，起灯地点分别位于泮村、大塘，以及塘唇、龙田和书厦三村之一；起灯之后，三个彩灯以不同方向、不同路线，巡游全乡40多个村，彩灯每到一村，均交由该村村民舞动，花灯绕村场三周后再转往别村，舞灯过程中，以淌水进村、爬墙入宅和一枝独秀等舞技最为引人注目；巡游所有村庄后，三个彩灯分别到固定的地点进行打灯仪式，打灯即是将彩灯扎破，此时，村民们一拥而上争抢灯纸和灯篾，作为吉祥物带回家中以保佑六畜兴旺、出入平安。

泮村灯会集舞蹈、美术、传统手工技艺和民间艺术巡游于一体，整个灯会活动严格按照传统的习惯和规矩进行，活动的每个环节，都被人们赋予特殊的文化含义，泮村灯会作为一项独具地域文化特色的民俗活动，在岭南地区具有广泛的影响力。

佛山彩灯

非遗级别：国家级
非遗类别：传统美术
公布时间：2008年（第二批）
流布区域：佛山市

佛山人有句口头禅：“好睇过花灯（比花灯好看）。”佛山彩灯俗称灯色，是佛山市及其周边地区各种民间节庆活动中不可缺少的工艺美术品。每年的农历新年，佛山古镇都会举行特定主题的灯会，民众得以观赏彩灯盛宴。

■ 佛山彩灯

■ 灯型繁多

佛山彩灯扎制精巧细腻，讲究灯面平滑自然，不露“廊骨”，并能防晒防水，适应各种环境展演，能够保持较长时间的观赏效果。彩灯以佛山独有的铜衬剪纸做装饰，纹样丰富，金碧辉煌。佛山彩灯品类、灯型繁多，有富贵灯、龙船灯、宝塔灯、人物及动物灯、亭台楼阁灯、花鸟虫鱼瓜果灯等，白天五彩缤纷，夜间通透明亮，流光溢彩。具有代表性的头牌彩灯，灯高数米，三层亭台楼阁，大灯中有小灯，主灯之外有衬灯，人物龙麒、瑞兽彩鸟、宝塔莲座、彩凤交飞、山水书画集于一体，彩扎工艺之精湛，甚为罕见。“火树银花元夕夜，彩灯万盏熠霞流。”佛山上元开灯宴恰如此句。佛山彩灯原以小型、单个为主，中华人民共和国成立后，在保持传统特色的同时，又逐渐发展了大型组合灯，如大彩灯、大走马灯、大彩车灯等，其中大彩龙灯长达数十米以至上千米，蔚为壮观。

佛山彩灯是中国传统灯彩艺术的主要流派之一，也是岭南民间艺术的代表作。它将中国南北文化融为一体，为民间艺术和岭南文化等方面的研究提供了重要参考。2005年非物质文化遗产保护工程启动以来，佛山彩灯的生产、经营一直受到佛山市政府的关注与扶持。

澄海灯谜

非遗级别：国家级
非遗类别：民间文学
公布时间：2008年（第二批）
流布区域：汕头市澄海区

“上元灯火六街红，人影衣香处处同。一笑相逢无别讯，谁家灯虎制来工。”这是清代诗人描述潮汕地区灯谜竞猜之盛况的诗句。澄海猜灯谜之风久已，清代康熙年间的《澄海县志》记载：“好事者或为藏头诗句，令猜者什百为群，曰灯谜。”

■ 猜灯谜活动

■ 澄海灯谜

澄海灯谜的开猜形式既继承传统，又不断创新，最难得的是其至今还保留着宋代流传下来的“击鼓猜射”式，从报谜号、谜面、谜目、谜底到最后解释，都由击鼓引导，这在国内为潮汕独有。澄海灯谜表现内容非常广博，文史经籍、诗文韵语、俚歌方言、时人旧物皆可入谜，与社会生活关系密切；表现形态多姿多彩，如创作体裁有会意体、离合体、象形体等多种类型，法门有白描写真、顿读别解等20多个，谜格有“卷帘”等40多个，谜种有印章谜、画谜、哑谜、实物谜等20多个，谜目也有近百类、数百项等。澄海灯谜所使用的创作法门，主要有义扣、音扣、象形、离合、别解、用典等，形成了一套既有地方文化特色又全国通用的完整创作体系。

灯谜源于谜语，南宋时每逢元宵佳节，文人墨客便把谜语写在纱灯之上，供人们猜测助兴。自此，元宵时节猜灯谜成为一项固定的传统民俗活动。澄海灯谜以其传播知识、启迪智慧的功能和独特的文化价值，深深融入了当地的元宵节习俗之中，成为民间广泛参与的一项文化娱乐活动，历久不衰，澄海也因此被国家文化部命名为“中国民间灯谜艺术之乡”。

■ 香火龙

香火龙

非遗级别：国家级
非遗类别：传统舞蹈
公布时间：2011年（第三批）
流布区域：韶关市南雄市

设案、焚香、作揖、施叩礼，再将用竹子和稻草扎成且插满“罗汉香”的香火龙身请出来，方才完成“香火龙”的起龙仪式。白竹片村人将“香火龙”视为自己的保护神，所以每次“香火龙”出动都意味着在请神，必须遵循“起龙—舞龙—送龙”这样一套固有的程序。

“香火龙”有公、母之分，公龙体长9.9米，母龙稍短，约为9米，有“地久天长”之意。龙珠以红布扎制而成，一头插举撑杆一根。表演前，要在草龙身上遍插点燃的香，公龙插1800根，母龙插1600根。为保证尽可能长的表演时间，需要有16至18人同时燃香插香，一个插点一般插六根香，呈放射状，单独看好似梅花盛开。表演时，先由“龙珠”引路，逗引双龙入场。舞龙者双手举火龙，脚踩“龙、虾”步法，按顺序依次表演套路以舞动火龙，其基本套路依次为“火龙拜门”“双龙戏珠”“双龙出海”“龙尾对舞”“跳跃龙门”“云游四海”。舞龙结束之后，舞龙队伍按照之前规划的路线举着公、母龙开始“游村”。“游村”的时间取决于香何时烧完。当“香火龙”只剩草龙的身体时，鼓乐队又开始敲锣打鼓，舞龙人把草龙举到村边的沙官庙前用火烧掉。这寓意着“神龙归天”，村民借此祈求新的一年五谷丰登，风调雨顺，即是“送龙”。

舞香火龙是当地每年元宵佳节或其他重大庆典活动期间的重要节目，有300多年的历史。“香火龙”是粤北民间舞蹈表演艺术的缩影，对研究我国南方民间舞蹈艺术的发展及民俗风情具有重要的参考价值。

■ 香火龙龙身

行通济

非遗级别：省级
非遗类别：民俗
公布时间：2007年（第二批）
流布区域：佛山市

“正月十六行通济，行过通济有闭翳（粤语‘烦恼’的意思）。”在佛山，有一座通济桥。相传，每当正月十六，一家老小手持风车和风铃，拿着生菜，口中默念“行通济，冇闭翳”，由北到南走过该桥，便能祈求来年时来运转、顺顺利利。

通济桥是佛山最早修建的桥梁之一。根据史料记载，该桥始建于明代，由当地的乡民自发集资修建，天启年间，当朝户部尚书李待问返乡，提议重新修缮翻新，建成后取名为“通济桥”，取“必通而后有济也”之意。通济桥桥面、桥头石级共有9级，桥尾共有13级，对应着古时佛山当铺行业的行规“九出十三归”，这个特殊设计体现了其时佛山的商贸特色。通济桥横跨佛山涌，是当时重要的商贸水陆通道，商人们多经由此

■ 转运风车象征“时来运转”

■ 行通济，冇闭翳

■ 行通济

处外出经商，为求生意顺利，便行通济桥来讨好意头，后来渐渐形成风俗，并有了“正月十六行通济，行过通济冇闭翳”之说。每逢农历正月十六，佛山民众便会步行至通济桥，在社坛前焚香烛、烧炮仗，在南济观音庙内烧香叩拜。凡是行通济之人，都会携带转运风车、风铃和生菜等物，象征时来运转、一帆风顺、胜意生财之意。行通济之时，需要一次性从北岸桥头走至南岸桥尾，不得中途折返走回头路，取一路通顺行好运之意。

明清时期“四大名镇”之一的佛山经济繁荣，商业兴盛。当地商民由此特别看重生财、好运，“行通济”民俗故得以兴盛。佛山浓郁的商业氛围孕育了别具特色的过桥习俗，推动“行通济”民俗延续至今。

佛山祖庙庙会

非遗级别：国家级
非遗类别：民俗
公布时间：2008年（第二批）
流布区域：佛山市禅城区

■ 北帝诞

■ 出巡仪仗队

“举镇数十万人，竞为醮会。”这说的便是佛山祖庙庙会。佛山祖庙庙会是流行于珠江三角洲一带的民间信仰活动，融世俗性、群众性、娱乐性为一体。

一年中佛山祖庙祭祀的主要活动有正月初六的北帝坐祠堂、二月十五的官祀春祭、三月初三的北帝诞、八月十五的官祀秋祭、九月初九的北帝崇升等，其中三月初三北帝诞是一年祭祀活动中最隆重、最热闹的仪式。北帝诞的主要活动包括设醮肃拜、北帝巡游、演戏酬神和烧大炮等，其中北帝巡游是最肃穆、隆重的祀典，时间为一天一夜。巡游时，北帝武神铜像端坐在朱漆贴金龙纹北帝轿椅（现陈设于祖庙）内，前有锣鼓、仪仗队、彩旗幡伞队鸣锣开道，后有醒狮随尾，所到之处各街坊张灯结彩迎驾，人们纷纷瞻拜神像。烧大炮活动在每年三月初四举行。所谓烧大炮，就是点燃安放在华丽彩车上的一个大爆竹，爆竹内附有一个铁制小环，爆竹一响，铁环飞向空中，围观的人们纷纷争夺这个小环，以寄祈祥纳福之意。

佛山祖庙庙会的起源与北帝崇拜和佛山祖庙的修建密切相关。北帝，又名玄武、真武、玄天上帝等，在珠江三角洲民间多称为北帝。古时佛山水患频繁，百姓流离失所，当地百姓就想到一个好办法，就是请北方水神北帝前来佛山坐镇。1078年，当地建造北帝庙供奉北帝。作为北帝崇拜的载体，佛山祖庙历史久远，成为佛山“诸庙之首”，很早就形成乡耆、士绅来祖庙议事的“庙议”规矩，祖庙成为一个集政权、族权、神权于一体的著名庙宇，是华南著名的民间信仰中心之一。

波罗诞

非遗级别：国家级
非遗类别：民俗
公布时间：2011年（第三批）
流布区域：广州市黄埔区

“第一游波罗，第二娶老婆。”波罗诞是流行于广州地区的民俗活动，又称南海神诞、南海波罗诞，是民间为纪念南海神的生日而设立的庙会，至今已有1000多年的历史，会期为每年农历的二月十一日至十三日，十三日为正诞。

波罗诞的活动异彩纷呈，有祭海、五子朝王、花朝节、龙狮相会、飘色表演、大戏杂耍等活动，还有波罗鸡、波罗符、大葵扇、风车等。其中“五子朝王”是“波罗诞”中一项盛大的民俗活动。“五子朝王”时，五子由乡民抬起巡游，标旗引路，罗伞盖顶，十八般武器护卫，鼓乐齐鸣，浩浩荡荡从各乡会集南海神庙进行祭祀活动。另外，人们“游波罗”时，波罗鸡是必购的吉祥物。民间传说每年的波罗鸡中会有一只可以啼

■ 南海神庙

■ 波罗鸡

■ 波罗诞巡游

叫的，这只鸡可以为买主带来财富。传统波罗鸡为实心，工序复杂，从选择泥模、粘贴纸张、挑选鸡毛，到烘干、上颜色等，都受到气候等多种因素的影响，手工制作波罗鸡，往往需要花上艺人一年的时间。波罗诞那天，邻近的十五村各家各户都蒸糕裹粽做包点，用以祭祀或赠送亲友，称为“波罗粽”。

波罗诞庙会是广州地区最大的民间传统庙会之一，届时南海神庙方圆数十里的民众都前来“游波罗”，热闹程度胜似春节。波罗诞依托南海神庙举办，民间把南海神庙称为波罗庙，它是我国古代海上丝绸之路的发祥地之一。不仅如此，民间亦把南海神诞称为波罗诞，把达奚司空称为波罗神，波罗庙和波罗诞的传统在民间历久不衰，充分显示出广州地区兼容并蓄的海洋性格。

■ 茶园游会

茶园游会

非遗级别：国家级
非遗类别：民俗
公布时间：2021年（第五批）
流布区域：东莞市

“万历中，三月东岳降神，城内外十三坊倾动，香花无不候驾”，这是清代《茶山乡志》所记载的游会盛况。茶园游会，一场融合了民间祭祀、传统巡游、戏曲表演和民俗展示的文化盛事，不仅是对东岳大帝的虔诚奉祀，也是对传统文化的传承与弘扬。在新春的钟声中，茶园游会以其独特的魅力，吸引着无数信众和游客，成为新春庙会中一道亮丽的风景线。

茶园游会的会期为三天，活动内容丰富，仪式庄重。三月廿五为迎神日，东岳庙内举行道教进表科仪等祭祀仪式，随后，东岳大帝神像被请出庙中，开始“摆会”。巡游队伍由“走菩萨队”和“表演队”等组成，其中“走菩萨队”抬着八位神祇的神像，巡游茶园各坊，而“表演队”则由文巡队、故事队（飘色）、瑞兽队和飞报（马术表演）等组成，展现了丰富多彩的民间艺术。庙会期间，各坊集资请戏班前来做大戏（粤剧），茶园人家家户户热情邀请亲朋戚友前来，白天观庙会，晚上齐集戏棚看大戏，形成了一种独特的节日氛围。三月廿八为东岳大帝神诞，善男信女们抬着烧猪，挑着祭品前往上香，接“贵人”，祈求保佑，之后回到村中，各家各户分烧猪，共享节日的喜悦。

茶园游会作为新春庙会的重要组成部分，它不仅承载着人们对神灵的敬仰，也体现了人们对美好生活的向往和追求。在新春的喜庆氛围中，茶园游会以其独特的民俗活动，为新春庙会增添了浓厚的文化气息。近年来，茶园游会在继承传统的基础上，逐渐融入了新的时代元素，成为连接过去与未来的桥梁，新春庙会的文化内涵更加丰富，更具时代感。参与茶园游会，不仅能够感受到传统文化的魅力，也能够看到传统文化在现代社会中的传承与发展，这是对新春庙会主题的最好诠释。

■ 东岳大帝神像出巡

■ 道教进表科仪

沙湾飘色

非遗级别：省级
非遗类别：民俗
公布时间：2006年（第一批）
流布区域：广州市番禺区

“三月三，北帝诞，睇飘色，嚟沙湾。”每年的农历三月三，沙湾镇都会在北帝诞上举行飘色巡游活动。游客会看到好些个孩童似才三两岁，身着华服，横空而立，或脚踩绿叶，或手拿长枪，脸上无半分惊恐之色，丝毫不担心会跌落。

■ 沙湾飘色

沙湾飘色是以色柜为展示舞台，以人物造型为表现形式，以故事传说为主要内容，以沿街巡游为主要表演样式，以材料、力学、音乐、装饰工艺为主要特色的一项民间艺术活动，已有上百年历史。沙湾飘色以“板”为单位，每一板飘色由色柜、色心、色脚和色梗组成，混合成一体，其特征可用四字概括，飘、巧、妙、奇。之所以能“飘”，是因为色梗制作精巧且设有坐兜，能将孩童固定在色梗和坐兜上，看似站立，实则坐着，同时坐兜被飘色艺人巧妙地伪装过去了。“色心”和“色脚”按照“色梗”的内容装扮在“色柜”上，由四人抬起巡游，以统一协调的步伐行进，使整板飘色起伏悠扬，加上在纤细精致的“色梗”上，3米高处“飘”然可爱且身穿五颜六色古装的幼稚孩童做出各种逗人喜爱的动作，优美和谐，赏心悦目。

沙湾飘色糅合了戏剧、杂技和装饰等艺术，被誉为“凝固的戏剧、活动的雕塑”。如今，沙湾镇逢年过节或举行大型招商、海外交流联谊等大型群众活动，都离不开沙湾飘色，此项活动已经成为当地群众喜闻乐见的民间艺术活动。

官窑生菜会

非遗级别：省级
非遗类别：民俗
公布时间：2009年（第三批）
流布区域：佛山市南海区

■ 官窑生菜会

生菜生仔，生菜生财，官窑生菜会是一个与生菜息息相关的庙会习俗。它依托凤山古庙而形成，起于明，盛于清，并延续至今，农历正月二十三至正月二十七举办，与龙母诞、波罗诞并称广府三大庙会。

农历正月初十，凤山古庙前就开始搭建戏棚狮台，并广邀戏班。正月二十三开始演大戏、唱八音、舞狮子、演武技、游神等。正月二十六为“观音开库日”，各地信众齐集凤山古庙借库、还库，拜观音后到古庙后“摸仔岩”摸取螺蚬祈求生儿育女，并到庙后空地的生菜档摊吃生菜包，取其“包生”之意。吃生菜包讲究席地而坐，将生菜洗净剥开，搭配的几种风味小菜也各有寓意，如酸菜炒蚬肉取子孙显达之意，慈姑煮猪肉寄寓生个胖男孩，粉丝虾米则有长命富贵之意。当地人认为生菜会之日吃生菜包，可一年顺景、生龙活虎、人财两旺。游神和抢花炮是官窑生菜会的高潮，是日主事者组织村民抬着天后、观音、北帝、财神等神祇行宫出游，队伍扛幡、持牌，以头锣开道，沿途供人膜拜，万人空巷。正月二十七按例大烧神炮，抢炮者组织精壮队伍，有计划、有指挥地抢夺神炮。旧习连放六炮，分别称头炮、二炮、三炮、闰三炮、四炮、五炮，其中以闰三炮为贵，又名“丁财炮”。

官窑，古时为南粤辗转中原的中枢，享有“百粤通衢”的美誉，现今在南海狮山，仍流传着一句古话“先有官窑，后有佛山”。其优越的地理位置和交汇的多元文化形成并沉淀出延绵四百多年的官窑生菜会，寄托着当地群众迎春纳福、求子求财等美好祈愿。

■ 制作生菜包

沙溪三月三

非遗级别：省级
非遗类别：民俗
公布时间：2015年（第六批）
流布区域：中山市沙溪镇

三月三，北帝诞，打醮、游神、唱大戏。每年春节后，村民便着手招募资金、制定巡游路线，筹备当年三月三活动事宜。沙溪每年三月三举行的活动称为“太平清醮”，每逢一甲子举行的“罗天大醮”活动，则需连续举行七天七夜，人们称之为“七昼连宵”。

■ 沙溪三月三

■ 巡游队伍

■ 烧元宝

农历二月二十日，村中工匠开始制作巡游用的木船，妇女们聚集在北极殿前扎制宝塔、灯笼、元宝等纸扎祭品。三月初二下午，所有参加三月三活动的队伍齐聚北极殿，村中长者主持装船仪式，将象征着五谷丰登的各式农产品装上彩色木船，并在船舱中贴上神祇图像。三月初三清晨，道士在乡亲们的见证下向玄武大帝、禾谷夫人、华光帝君等神祇祈福，以酒肉祭神，之后村中长者为参加巡游的龙、狮、凤、鹤等点睛，并请出诸位神祇进行巡游，称“北帝出巡”。巡游队伍由罗伞开道，神轿、仪仗和彩色木船等紧跟其后，当地的各种民间艺术也一同出巡，还有村内各姓氏组成的方队、八仙贺寿乐队、吹打队、花篮队等数十支队伍。巡游队伍走村串巷，沿途爆竹声不停。队伍回到北极殿后，村民便将彩色木船和满载的农产品、纸扎品等一同焚烧。当晚，村中设斋宴招待老人和参加巡游的人士，并有粤剧大戏演出。

沙溪镇河网交错，当地百姓认为北帝能够管制兴风作浪的龙虾蟹，具有消灾化厄的神力，所以十分信奉北帝。沙溪三月三集民间信仰与祭祀仪式、艺术巡游和戏曲演出等多种内容于一体，已成为当地群众热衷的一项民俗文化活动，同时也是维系海内外乡亲的一条重要纽带。

仲夏行凉

贰

YACANG LINGNAN

雅藏岭南

灯杆彩凤习俗

非遗级别：国家级
非遗类别：民俗
公布时间：2011年（第三批）
流布区域：揭阳市揭东区

“港边渔火腾双凤，畔上柳风策六鳌。”在揭阳市揭东区的港畔、云南、龙砂等地，每逢祭祖之年，江氏族人便会举行盛大的灯杆彩凤活动，以此纪念他们的太始祖、南宋爱国名相江万里。这其中不仅承载对祖先的缅怀，更蕴含对美好生活的祈愿和对和谐社会的向往。

每到祭祖之年，江氏家庙的理事便会到村中古庙占卜择日，主祭期多选择在秋收之后的农闲时段，祭祀活动持续一个月。每户江氏族人都会竖起一根10多米长的毛竹，挂上灯笼和五色“彩凤”，彩凤上绣有“吉祥”“幸福”等字样，风铃随风转动，铃声清脆悦耳。彩凤的制作需要村中木工、漆匠、铁匠、裁缝等的合作，

■ 竖灯杆，升彩凤

■ 五色“彩凤”

以硬木、铁皮和绸缎为原料，全身长60—250厘米，竹竿上保留竹尾、竹叶，寓意“凤栖梧桐”。祭祀活动期间，除了各家“竖灯杆、升彩凤”之外，各村还会邀请潮剧演出，连续三五晚，广受群众欢迎。此外，还有传统的锣鼓标旗巡游活动，当地民间各种艺术形式，如弦乐队、潮州大锣鼓、标旗队等，都盛装参加巡游，展现了潮汕地区丰富多彩的民间艺术。

灯杆彩凤习俗与清明时节有着天然的联系。清明作为中华民族传统的祭祀节日，是人们祭奠先人、缅怀英烈的重要时刻，而灯杆彩凤习俗，正是在这样的文化背景下，通过竖灯杆、升彩凤的形式，将对祖先的缅怀与对未来的祈愿相结合，体现了中华民族慎终追远、民德归厚的传统美德。在清明的细雨中，彩凤飘飘，铃声悦耳，不仅为节日增添了一份庄重与神圣，也为人们的心灵带来了一份宁静与慰藉。

凤阳宗祠祭典

非遗级别：省级
非遗类别：民俗
公布时间：2015年（第六批）
流布区域：云浮市罗定市

“泷水名高世泽长，五里桥东有凤阳。独领风骚五百载，不信人间无仙乡。”诗中提到的凤阳，就是凤阳陈氏宗祠所在地。清嘉庆《建造陈氏宗祠碑记》中称，“择定吉日通知众人定例出钱二千文交入春秋祭用”，其后每年春秋两季举行的墓祭、祠祭等祭

■ 凤阳宗祠祭典

■ 凤阳陈氏宗祠

■ 在祠堂摆上祭品

典臻于完善，代代延续至今。

凤阳宗祠祭典依旧例，每年春、秋举行祭祖活动，故有“春秋二祭”和“春祀秋尝”之说。春祭只祭扫祖墓，时间多为清明前后。秋祭为祠祭，时间为每年农历八月十五或十六日。凤阳宗祠祭典仪式完整，组织严密，祭祀活动有着固定的时间、场所和程式。祭典主要由“通”“引”两位人员负责主持，还有主祭者、陪祭者、读祭文者等人，本族“年上十五，衣冠整齐”的男性后裔均须参与祭祀。祭礼需备办丰盛的祭品，要有“五牲”“三馔”，“五牲”即鱿、鱼、猪、鸭、鸡，“三馔”即海参、鲍鱼、蟹。祭典有行初献礼、行亚献礼、行终献礼等仪式规范。在行“三献礼”过程中，主祭孙要独立完成“三拜九叩首”之礼，以示在整场祭祀中与众不同的身份。祭祀仪式结束后，会在祠堂外面表演一百零八式“陈家棍”，相传是从北宋杨家枪中演变而来。祭典之后，全体陈氏后裔、亲朋和来宾共飨盛宴，并请戏班演出，以示庆祝。

清明祭祖习俗流传已久，据记载，三国时期，墓祭就已成为不可或缺的礼俗活动。凤阳宗祠祭典通过祭祖仪式，宣传了孝悌忠信文化，并将陈氏后裔紧密联系起来，在促进社会和谐、增强社会凝聚力方面具有一定的价值。

斗门赵氏家族祭礼

非遗级别：省级
非遗类别：民俗
公布时间：2015年（第六批）
流布区域：珠海市斗门区

斗门赵氏家族祭礼相传源于宋代赵氏皇族的祭祖仪式，赵氏家族迁至珠海斗门大赤坎、南门以及新会、台山等地已有700余年历史。

祭礼分为春秋冬三祭、家祭及婚庆祭，除家祭外，其余均在家族祖祠进行。其中，春秋冬三祭分别于春分、秋分和冬至举行。以春祭为例，春分日在祖祠正厅设置祭

■ 斗门赵氏家族祭礼表演现场

■ 祭拜礼表演

坛，点燃香火，摆放猪牛羊三牲及其他祭品和供品。待到既定吉时，恭迎德高望重的族老、有身份功名的人士、周边赵氏族人代表、村中辈分较高的老者和执事者等进入祖祠正堂，其余村民则在祠堂外参与祭祀活动。正堂内，主祭者移步到先祖神位前，恭请总神主和诸神主到位，参神降神列席进食，而后依次进行初献、再献、三献之礼。程式包括摆设祭品，分年龄、辈分站位，上香，跪叩拱拜，跪读祭文，焚烧祭文，进献糕饼和果蔬祭品，焚烧宝帛及劝食等，随后接受祭肉，辞神，纳主。祭祀礼告成后，鞭炮齐鸣并鸣放三响山炮。祖祠前面众村民摇旗欢呼，鼓乐队高奏欢快的乐曲。婚庆祭除新人与宾客等敬奉祖先外，新郎则行结发加冠命字礼，有族中长者给新人结发，宣读子孙千秋万代繁昌的祝词，行加冠礼，簪花、挂红后行命字礼，升挂字架，安放米箩。

斗门赵氏家族一直沿袭着传统的祭祖习俗，牢记儒家倡导的孝祖之礼和宋太祖赵匡胤“族无亲疏”“不恃富而轻贫，不恃贵而轻贱”的大训，以规范族人的言行，促进社会和谐，期盼国泰民安。

仁化艾糍制作技艺

非遗级别：市级
非遗类别：传统技艺
公布时间：2021年（第八批）
流布区域：韶关市仁化县

客家人里流传着这样一句俗语："清明前后吃艾粄，一年四季不生病。""粄"为客家方言里各类糯米、黏米糕点的通称。"艾粄"由艾草、糯米粉和成，以芝麻、花生、红糖为馅，粤北地区、江西等地或称"艾糍粑"。

艾糍制作

艾糍主要以新鲜"田艾"为原料，随着气候的变化，现在田艾草逐渐减少，一般由红脚艾代替，最好选择清晨采摘的艾。清水洗净，用100℃开水焯5分钟（"田艾"5分钟，"红脚艾"10分钟），捞起过冰水（去掉杂味），这一步名为"杀青"，主要是为了保留艾草的青绿颜色。将杀完青的艾草搅拌成糊状，然后再把它与糯米粉搅拌混

■ 艾草

■ 艾糍

合，边搅拌边加入糖（红糖、白糖均可），不停揉搓，让艾草和糯米粉完全地糅合在一起。糯米粉与糖的分量比例一般是10斤糯米粉加6两糖。面团揉好后，以炒好的花生、芝麻为馅，捏成团，一个标准的“艾粄”就做好了。蒸锅烧开水，蒸笼上垫上香蕉叶（现今人们简化了手续，将香蕉叶改为“蒸糕点专用”薄纸），表层涂上少许花生油，蒸30分钟即可出锅。咬上一口，唇齿间满是春天的味道。

艾糍（粄）一般在清明期间制作，故属于清明粄，清明粄包括“艾粄”“田艾粄”“苦叶粄”等。每年清明时节，人们在外出祭祖、踏青时便会采些鲜嫩的艾草制作成“艾粄”作为贡品。

东莞龙舟制作技艺

非遗级别：国家级
非遗类别：传统技艺
公布时间：2008年（第二批）
流布区域：东莞市中堂镇

■ 龙舟制作

■ 龙舟龙头

■ 制作安装

“共骇群龙水上游，不知原是木兰舟。”东莞龙舟竞渡的民间传统习俗历史悠久，当地龙舟制作兴于龙舟竞渡。中堂镇共有龙舟制造厂8间，年产龙舟近百条，为全省之冠，制作技艺主要由斗朗村的霍氏家族传承，自20世纪初以来，已有三代传人。

中堂龙舟制作有大头龙舟和鸡公头龙舟两大类，以最具代表性的大头龙舟为主，其主体结构分龙头、龙尾、龙骨、龙肠、冚板5个部分，制作流程分15个步骤，依次为选底骨（龙骨）、起底（钉、起蝴蝶底）、起水（拗弯龙骨，使呈流线型）、打水平（中线定位，平衡蝴蝶底）、转水（安装挡水板）、做大旁（合舟两侧，也称钉花旁）、做横挡（舟排骨）、做坐板（划手座位）、安龙肠、加固中肠（用竹片加固座位于龙肠，也称抓篾）、上桐油灰（填充船板之间的缝隙以防漏水）、刨光、涂清漆（扫柚油使舟光滑）、制作安装龙头、安装尾舵，整个过程约需时6至7天。中堂大头龙舟有大型、中型、小型三种规格，大型舟长28.5米，其造型特点是船身狭长，两头翘起，线条优美，潇洒流畅，尤其龙头硕大，高高翘起，气宇轩昂，显威武雄壮之姿，有赛龙夺锦之势，故称大头龙舟。

地处珠江三角洲水乡的东莞市中堂镇，曾被中国龙舟协会命名为“中国龙舟之乡”。中堂龙舟制作技艺精细，自成一家，所制龙舟风格独特，极富象征意义，深受珠三角水乡乃至西江、北江流域民众的喜爱。

南朗崖口飘色

非遗级别：国家级
非遗类别：民俗
公布时间：2008年（第二批）
流布区域：中山市南朗镇

五月五过端午，五月六看飘色。南朗崖口飘色从清朝乾隆年间兴起到现在，已有300多年的历史。南朗崖口飘色是流行于当地各村的岁时节令民俗活动，源于唐代“耍菩萨”祭祀民俗，后称为“出会景”“枭色”“飘色”等，于每年农历五月初六龙王诞举行。

崖口飘色主要以民间传说、故事等为题材，故事性强，最大的特点是设计颇为独特的“秋千色”，即男、女童扮演的人物不必固定在色梗上，巡游时可像荡秋千那样上下飘动，色彩绚丽，玲珑飘逸，富有游行节奏感。与崖口飘色一起出巡的头牌、罗伞、彩旗上的精致粤绣，也是崖口飘色的一大民间艺术特色。崖口飘色的巡游有着固定而严格的程序和较强的仪式性。飘色出巡，一般先由头牌出动，接着飘色的是头罗（伞）。每板飘色之间，还有布绣彩旗，彩旗有“单彩”和“双彩”之分：“单彩”由一位浓妆打扮的少女扛着一支竹子巡游，竹子上挂有双面绣着古装人物的一块布；“双彩”用一块与“单彩”同样大小的彩旗围成一个“围”，在“围”的外面绣上龙、凤等吉祥物或古装故事人物，然后用两支竹子穿起来，由两位浓妆少女扛着巡游。这样的布局，在其他飘色巡游中很少见。

2003年，崖口飘色主要传承地南朗镇被广东省文化厅命名为“广东省民族民间艺术之乡”。崖口飘色代代相传，传承至今，被赋予了更强的现代感，长期以来都深受当地群众喜爱，具有很高的民俗文化价值和学术研究价值。

■ 中山南朗崖口飘色

赛龙舟

非遗级别：国家级
非遗类别：传统体育、游艺与杂技
公布时间：2011年（第三批）
流布区域：东莞市万江区

“初一初二，万江、西塘陂，初三初四，大汾、牛涌尾。”每年的东莞龙舟景，都始于“东莞龙舟第一景”的万江区。东莞一年一度的龙舟竞渡从四月初八开始到五月底结束，连续月余时间，东莞人在这期间除了划龙舟，还会洗龙舟水、趁龙舟景、吃龙舟饼、食龙舟饭、唱龙舟歌。

东莞赛龙舟，源自祭祀屈原。旧历的每年四月初起，各村社祭祀龙船头，起出河底埋藏的龙舟，举行“起龙”和“采青”仪式。新做的龙舟也要在四月完成，经过采

■ 东莞赛龙舟

■ 龙舟竞渡

青、“旺船”、祭祀等仪式后方可使用。竞渡有设标和趁景之分。旧俗各地以金猪（烧猪）、烧酒、锦旗设标，以奖励龙舟竞渡的前三名，各村落在四月初八之前就应根据当年丰歉决定是否设标，设标者应提前到世代交好的村庄告示日期；趁景为村庄不言明设标，单按旧例所定的日子，各世交、友好、婚盟村庄的龙舟齐来相聚，家家户户喜迎宾客。设标、趁景的村庄要准备龙船饭飨宴宾客，而外来媳妇则到娘家村落的龙船“犒标”。

赛龙舟是中华民族传统节日端午节的主要习俗，也是中华民族龙图腾文化的代表之一。东莞地处珠江口东岸，河流纵横，水面广阔，赛龙夺锦，自宋以来，沿袭至今。赛龙舟已成为东莞一大特色，它保留了中华民族和岭南地方社会传统的礼俗，对于研究岭南地区民风民俗民情和社会历史发展具有十分珍贵的价值。

龙船歌

非遗级别：省级
非遗类别：传统音乐
公布时间：2012年（第四批）
流布区域：韶关市南雄市

“一朵红花透过墙，斜眉细眼来看郎。哥哥好比八角树，处处连妹处处香。”唱龙船歌是南雄市端午节期间一项典型的民间传统音乐艺术活动，现流行于凌江、浈江两岸的水西、水南、洋湖、珠玑等沿河村庄。

龙船歌的曲调风格在各村之间有所不同，如水南村和水西村的龙船歌属E羽调式，

■ 龙船歌

类似于客家山歌，每唱一句都间奏锣鼓，其曲调高亢、粗犷，颇有古风；而珠玑镇洋湖村、珠玑村的龙船歌则更像一种劳动号子，不同的是洋湖村的音调较低，珠玑村的音调较高。龙船歌的演唱形式为一人领唱，众人帮腔每一句最后四字。演唱时，没有乐器伴奏，只用锣鼓铙钹来加强气氛。龙船歌的歌词格式有一定的规则，唱词调式大部分有着相对规范的结构，一般为七个曲调，歌词为七言四句。歌词内容大都富有生活气息，包含祈求丰收、表现勇敢、追求爱情、感慨世道不平和驱除邪恶等多方面的内容。

早在宋朝，唱龙船歌在南雄梅关古道的珠玑巷就很流行。珠玑巷是广东梅关古驿道上的古代商贸重镇，又是中原南迁氏族的中转地，不少中原传统习俗在此流传开来，端午划龙船就是其中之一。但因南雄地处山区，没有宽大河流，当地群众因势而变，将“划龙舟”改为唱“龙船歌”和在陆地上“打龙船”，“龙船歌”由此而生，代代相传。近年来，传承人在南雄市文化部门的支持下，积极履行“传帮带”的职责，现在珠玑村唱龙船歌队伍有老中青三代人，代代相传的良好局面已基本形成。

龙眼点睛习俗

非遗级别：省级
非遗类别：民俗
公布时间：2015年（第六批）
流布区域：佛山市顺德区

“五月初一划北门乡，初二划东门乡，五月初三必到龙眼点睛，龙舟初四划大门乡……”历史上每年农历五月初三，顺德、南海、中山等地的龙舟，汇聚在顺德勒流镇龙眼村进行点睛，寓意龙舟点睛后具有灵性，不再是盲龙。

龙眼点睛习俗有一整套成系统的仪式，包括迎龙、抚龙、接龙、点睛、赠物等环节。农历四月三十子时，龙眼村太尉庙中敲响龙船鼓，以示进入龙眼点睛仪式。五月初三早上，村民到埠头迎龙，为外来龙舟送上烧酒果品和利是。各点睛龙舟卸下龙头、龙尾和龙牌，上岸接受妇女儿童的抚龙之礼。人们将“龙”接入太尉庙内并安放在神像前，祈祷神祇保佑。拜祭之后，方进行点睛，点睛人口念“顺风顺水，龙头顺到龙尾”等颂词，用龙眼叶将水洒在龙头、龙尾

■ 迎龙

■ 龙眼点睛习俗

以及神斗、铜锣、大鼓、彩旗上。取新毛笔蘸朱砂，郑重地往龙睛上点两点朱砂，接着脖子两画，龙尾一点两画，完成核心的“点睛”仪式。笔点龙尾时，必须笔势随龙尾向上点去，以表示整个点睛次序都是顺势而为，暗喻头尾皆顺，顺风顺水。最后取来一簇龙眼叶喂进龙口，名曰“采青”。点睛结束后，主客双方互赠礼物，然后“龙”由专人指引从大殿左厢门进，从右厢门出大路，不得走回头路，俗称“行大运”。点睛后的龙舟，以三进两退的仪式叩拜作揖，以谢神恩。

龙眼点睛习俗是岭南地区龙舟文化的重要组成部分，对于完整演绎珠江三角洲地区龙舟民俗事象具有重要作用，有利于增进不同社区、群体的团结，培养地方精神文明，构建和谐社会。

■ 淇澳端午祈福巡游

淇澳端午祈福巡游

非遗级别：省级
非遗类别：民俗
公布时间：2015年（第六批）
流布区域：珠海市

淇澳端午祈福巡游是珠海市淇澳村民端午期间游神、祭祀、祈福的传统民俗活动，源于“洗菩萨”的风俗，清道光十三年（1833年）淇澳人民抗英胜利后，于翌年端午开始举行祈福巡游，后渐成惯例。

农历五月初一，淇澳村民将村中祖庙、东澳古庙、天后宫中的水潮爷爷、天后娘娘、蔡二将军等神祇塑像用清水洗净，并安置在各坊行宫。初二，各坊制花炮，理旗色。初三，淇澳村东溪、中行、旗西三坊群众持檀香互访行宫拜祭。初四，各坊在各自行宫中祭祀之后，村民们在家拜神做节。初五，各坊群众聚集村中祖庙，在德高望重的长者主持下祭拜，并有“五生五熟”之供品。“五生”用一只生猪的内脏做成。猪肚为寿星公，寓意长命百岁；猪腰作鲤鱼，寓意年年有余；猪肝作龟，象征长寿；猪小肚作寿桃，猪心放于里面寓意诚心诚意；猪横脷当拱门，寓意鱼跃龙门，步步高升。“五熟”由大蕉、菠萝、黄皮、桃子、李子等时令水果组成，寓意好时年，果稻丰收。

鸦片战争前夕，列强入侵淇澳，村民聚集天后宫前奋起抗击，击退侵略者，并迫使其赔偿白银3000两。这是中国近代史上抵御外辱的第一次胜利，也是侵略者向中国人民支付的第一笔赔款。在取得胜利的次年，为感谢抗英战争中神灵的庇佑，祈求风调雨顺，国泰民安，村兴旺和睦，村民开始在端午举行祈福巡游活动，体现出当地人民对自然的敬畏（水潮爷爷）、对民族英雄的崇拜（蔡二将军）以及对海洋文化的传承（天后娘娘）。

■ 巡游队伍

大城所端午节游旱龙

非遗级别：省级
非遗类别：民俗
公布时间：2015年（第六批）
流布区域：潮州市饶平县所城镇

说到端午节的龙舟竞渡，人们首先想到的多数是激起层层浪花、奋楫争先的水上龙舟，然而潮州市饶平县所城镇的龙舟，既不载人也不下水，而是在陆地上“游”，当地人称为“游旱龙”。

大城所端午节游旱龙是潮州由来已久的民俗活动，据明代《东里志》记载：“大城所结彩为龙舟，或以彩纸糊之，各扮故事，演戏竟日。”大城所区域内没有河流，因此无法进行传统的龙舟竞渡，因此发展出“游旱龙”的节庆活动。当地人们用竹片、竹篾扎成龙舟主干，再用粉红色、青色、紫色、大红色、黄色、赤褐色五种不同颜色的色纸裱龙身，每一种颜色对应大城所内的城隍庙、关圣帝庙、五显爷庙、天后宫、鹤松庵

■ 五色色纸扎造竹龙

■ 游龙队伍传村游巷

■ 大城所端午节游旱龙

等村庙。活动多于农历五月初一至初六举行，一名少男扛彩旗，数名男丁手扛龙舟，年轻男子肩抬老爷（神像），一名老人在前面泼“红花水”引路，由此组成游龙队伍。从本庙出发，先响地炮，其后一路穿街游巷。农历五月初一、初四、初六，队伍游到西门外；五月初二，队伍游到北门外；五月初三，队伍游到南门外。到了端午节正日，村民们在家门前等到“龙”来了之后，还要到灶前上香祈福，以求平安。龙舟“游”出城门后，彩龙部件和绣球由孩子们撕抢到家中插吉祥，以此祈求人丁兴旺，五谷丰登，经商者得财，读书者得仕途，沿海海防平安，人民安居乐业。

区别于常见的水上龙舟，大城所端午节游旱龙有着与众不同的习俗。从旱龙的制作，到游龙表演，当中蕴含了潮州刺绣、剪纸、雕刻、传统音乐等技艺，既体现了潮州当地特色，又融入海洋文化特征。特别是表现明清时期海防历史的扮景活动，呈现出卫所最传统的防御职能，展示丰富多彩的海洋文化特色。

天河乞巧习俗

非遗级别：国家级
非遗类别：民俗
公布时间：2011年（第三批）
流布区域：广州市天河区

■ 天河乞巧习俗

■ 拜七娘

■ 吃七娘饭

“十丈长筵五色香，香奁金翠竞铺张。可应天上神仙侣，也学人间时世妆。”这是清代广东诗人汪鲶《羊城七夕竹枝词》里写到的诗句，生动形象地描绘了广州人民乞巧节时举办隆重仪式的情形。

广州人将乞巧节称为“摆七娘”“拜七娘”，并形成了上九甫、下九甫、第十甫、十六甫等专卖女子品物的乞巧街市。“摆七娘”活动分“摆大七娘”和“摆小七娘”两种形式，内容大致可以概括为四方面：一是“摆巧”，即“摆七娘”。未婚女性制作传统七夕系列工艺品，采用砌作或扎作的方式进行制作并参与摆巧。摆展从农历七月初六下午开始，过了初八就撤掉。二是“拜仙”，即“拜七娘”。由老姑婆带领未婚女子举行叩拜之礼，接连七次，叩拜对象为牛、女二星及织女的六个姐妹。三是“乞巧”，即进行“赛巧”或“卜巧”的游戏活动。“拜仙”之后，在微弱灯光下举行穿针比赛，名曰“对影穿针”，先穿过的便是“得巧”，落后的则是“输巧”。四是“吃七娘饭”“看七娘戏”。“摆七娘”期间，参与“乞巧会”的妇女会有一个小型的聚餐，大户人家如果在自己家里做“七娘”，晚上还会请村里的姑娘同乐并延请“八音”锣鼓演奏。

粤人重巧夕，盛景在珠村。拥有八百多年历史的广州珠村，素有“中国乞巧第一村”的美誉。广州市以珠村为代表，完整保留了以拜七姐为主要表现形态的乞巧节民俗活动，展现出古代岭南与中原文化、习俗的密切联系，充分反映女性对才艺展示的追求和自我觉醒的意义。

■ 出花园习俗

潮州出花园习俗

非遗级别：省级
非遗类别：民俗
公布时间：2009年（第三批）
流布区域：潮州市湘桥区

“花开花落漫同论，雨露栽培在本根。预卜春风红杏好，一枝今已出花园。”“出花园”是潮汕地区民众人生礼仪习俗的重要活动之一，是当地人由少年进入青年、由家庭进入社会的“成年礼”。

“出花园”古时多在七月初七举行。当日，孩子先用浸泡十二种鲜花的温水沐浴，寓意用芬芳洗去孩子气。沐浴后系上母亲缝的新肚兜，装上十二颗桂圆和两枚顺治铜钱，穿上外婆送的新衣服和红木屐，寓意跨出花园门槛后一帆风顺、吉祥如意。早餐吃用猪内脏（猪肝、心、肾、肠、肚）煮的汤，代表更新内脏。然后在房里举行“拜床神”仪式，以祈求“公婆”保佑，需在床上放一只筐箩，盛放甜薯粉丸、乌豆酒、米果和“三牲”等供品。“出花园”这天，孩子必须整天躲在屋子里，不得到处乱跑，母亲代表孩子到庙宇祭拜保护神“花公花妈”，答谢神明庇佑孩子健康成长。潮州“出花园”还需宴请亲朋，让孩子坐上大位，象征孩子已长大，成为家中栋梁。

潮州“出花园”有着完整而系统的仪式过程，由我国传统成年礼嬗变而来，并在其发展过程中，不断吸收融入潮州地域文化特色。潮州当地无论男女，不分贫富，孩子到十五岁必须举行“出花园”的仪式。“出花园”包含社会和家庭对于新一代的期望与祝愿，具有潮汕地区独特的人情风貌。

■ 仪式贡品

■ 咬鸡头与鸡屁股，意为长大了

七夕贡案

非遗级别：省级
非遗类别：民俗
公布时间：2012年（第四批）
流布区域：东莞市道滘镇

■ 七夕贡案

“纸醉金迷斗巧工，民间俗尚仿深宫。改将七夕从初六，南国犹存五代风。”七夕贡案是东莞市道滘镇传统七夕拜月习俗，当地人称“拜七姐”，多自农历七月初六开始，仪式繁缛、隆重，包括摆巧、拜仙、乞巧、洗七姐水等多项活动。

七夕贡案多以养“轮猪”的形式筹集制作的资金，即集体出资买猪苗多头，各家各户轮流喂养，初六前杀猪作资金。摆巧分家庭摆巧和七姊妹联合摆巧两种形式，贡案摆设茶酒斋饭、龙狮贺节、五谷丰登和鹊桥相会四个部分，均为人们纯手工制作的作品，如斋塔、芝麻香、鹊桥景观、七娘盘等。每年初六早上，妇女梳妆打扮之后，到拜祭地点集合，摆放祭台，准备甜品饮料等。当晚，群众从各处蜂拥而来，将各家贡案围得水泄不通，主持贡案的主妇热情招待宾客。上了年纪的妇女多围在贡案前唱木鱼歌，重温昔日青春。初七子时，妇女们分发经过拜祭的毛巾，各自梳洗，然后将食物分给众人，最后七人一队将各色花纸做成的七姐衣物等当空焚烧以拜祭“七姐”，至此祭拜仪式完成。当地民间传说七夕当日的水比平时重，且经年不变，历久弥甘，可治疗虚火、内热等症状，故七月初七有“晨洗七夕澡”“挑七夕水”的习俗。

七夕贡案是我国保留最完整和特色最鲜明的乞巧习俗之一，岭南传统农耕文化以及旧时的水乡风情融于其中。每到农历七月初六晚上，道滘的大街小巷都弥漫着七夕的浪漫气氛，在巍焕楼、阎公庙、赵公古庙等地方，民间艺人都会制作七夕贡案供群众欣赏。

■ “鹊桥相会”主题的贡案

叁

秋登赏月

YACANG LINGNAN

雅藏岭南

佛山秋色

非遗级别：国家级
非遗类别：民俗
公布时间：2008年（第二批）
流布区域：佛山市

■ 佛山秋色

■ 出秋色

■ 灯色展示

不到佛山，不知“秋色”如许。此秋色非彼秋色，而是佛山民间的一项传统民俗活动。相传，佛山秋色起源于两晋时期，肇端于儿童舞草龙庆丰收的“孩童耍乐”，明正统十四年（1449年）定名为“秋色”，又称为“秋宵”“出秋色”“出秋景”。

佛山秋色最大特点即是以假乱真，出奇制胜。20世纪60年代，物资匮乏，曾有人在秋色赛会上买到“水果”后，张口就咬，结果发现这水果竟然是泥做的。据老一辈的工艺美术师介绍，秋色赛会中制作的仿生水果，与真正的水果放在一起，就连那些经验丰富的评委们也分不清真伪。佛山秋色活动项目丰富，多彩多姿，按内容可划分为民间工艺品和文艺表演两大类；按表现形式可划分为灯色、车色、马色、飘色、地色、水色、景色等七色，上文提到的“水果”属“景色”。随着秋色项目的不断创新和丰富、秋色技艺的提高，秋色的竞技性更强，秋色会景以比赛的形式出现，故又称之为“佛山秋色赛会”。参演群众数千人，巡游队伍长达数里，观者如潮，气氛热烈。

佛山秋色是佛山地区以庆丰收为主题的综合性大型群众文化娱乐活动，也是独具特色的中秋节令习俗。佛山自古以手工业和商业繁荣而闻名，为明清时期全国“四大名镇”和“四聚”之一，每年秋天的秋色活动亦是佛山繁荣景象的一个缩影。2010年起，佛山在每年金秋时节都会举办一次佛山秋色欢乐节，增进人们对传统文化的了解和认同。

佛山十番

非遗级别：国家级
非遗类别：传统音乐
公布时间：2008年（第二批）
流布区域：佛山市南海区

佛山民间流传着一句话，“无十番，不秋色”。所谓“十番”，即民间器乐曲种，属锣鼓音乐，主要分布于佛山市旧城区（佛山古镇）及其周边地区。在发展过程中，佛山十番吸收了江浙皖一带的飞钹演奏方式和本地八音锣鼓的常用乐器，并与民俗活动相融合，成为具有浓郁地方特色的民间器乐。

佛山十番的乐器有常规和特殊两类。大钹、高边锣、翘心锣、沙鼓、群鼓、响螺等属常规乐器，十番鼓、飞钹、二锣等是特殊乐器，不同番会个别乐器略有不同。目前有完整录音和记谱的曲牌有两套：一是大基尾村的“明星影映”的“挂牌”“长锣”“碎锦”，二是茶基村何广义堂的“耍金钱”、“合鼓引”、“套鼓起”（又名

■ 佛山十番器乐

■ 佛山十番

“挂牌”）、“长锣”。行进演奏时队伍的排列与曲牌相适应。佛山十番的最大特色是轻薄小钹不按常规碰击，而是一手执钹冠，一手甩动穿上绳子的另一钹擦击，一二十人同时表演“阳钹”“阴钹”“单飞”“双飞”“反手飞”“头上飞”等各种花式，令人叹为观止，故名“飞钹”。目前在国内独一无二，属稀有项目。

佛山十番作为喜庆锣鼓乐，多在端午、七夕、中秋等民间节日，以及神诞、“出秋色”（又叫秋景）时表演。以茶基村为代表的十番会至今仍沿用传统的“状声念谱法”，作为心传口授时的依据，是民间锣鼓曲传承方法的活化石，具有很高的实用价值和学术研究价值。

广式月饼制作技艺

非遗级别：国家级
非遗类别：传统技艺
公布时间：2008年（第二批）
流布区域：广东省

“小饼如嚼月，中有酥和饴。”广式月饼因主产于广府民系的分布地区而得名，起源于唐代，成型于明代，兴盛于近代，流行于广东、海南、广西等地。月饼在我国传统习俗中象征着亲人团圆，是中秋佳节必不可少的糕品点心。

广式月饼的馅料以莲蓉、豆蓉、咸蛋黄和果仁（专称为“五仁”的核桃仁、杏仁、花生仁、瓜子仁、芝麻仁）为主要原料，选料严格，比如必须是当年产的湘莲和上等鸭蛋。月饼制作须经分皮、分馅、包馅、成型、烘烤、凉冻和包装等多道较为规范的工序。分皮中特别讲究糖浆皮、酥皮和冰皮的处理，不同口感的饼皮，是广式月饼的重要特色；分馅、包馅则要严格按照配方和分量控制馅料，再用饼皮包裹制成饼坯，经不同形状和规格的饼模压印后，即完成月饼的造型；烘烤一般在200℃—

■ 广式月饼制作技艺

220℃的炉温中进行，且要用木炭的“上火”和干柴的“下火”双层烘烤，其间还要在饼面涂刷蛋浆，使色泽金黄油亮，月饼师傅须有熟练的烘烤技艺。广式月饼制作工艺以精、细、纯、正著称，色、香、味俱全见长。

广式月饼以双黄白莲蓉和双黄红莲蓉两个品种驰名海内外，已被授予“中国名饼”称号。尽管西式糕点不断抢占中国传统糕点的市场，但广式月饼并没有掉队。广式月饼销售期每年仅两个月，但在全国越来越走红，在国外也有相当的市场份额，还带动了农业、材料加工业、设计包装业等形成一个产业链，前景广阔。

■ 月饼制作

潮州工夫茶艺

非遗级别：国家级
非遗类别：民俗
公布时间：2008年（第二批）
流布区域：潮州市

■ 潮州工夫茶艺

潮州地区饮茶历史可追溯至宋代，当时潮州八贤之一的张夔有诗曰“燕阑欢伯呼酪奴，鸾旌凤吹光寒儒”，其中酪奴即是茶的别称。至清代中期，潮州地区饮茶已蔚然成风，清俞蛟《潮嘉风月记·工夫茶》中有了工夫茶的最早记载，当时工夫茶冲泡方法业已形成规范。

潮州工夫茶艺，不仅仅是一种饮茶的方式，更是一种生活的艺术，一种文化的传承。它以潮州为中心，不仅影响辐射着整个潮汕地区，而且在东南亚地区也有较强的影响力。

■ 铜筷、红泥火炉、榄核炭等传统冲泡器具和材料

潮州工夫茶的冲泡，是一门极尽讲究的艺术。首先，选茶以乌龙茶为宜，尤以潮州单丛为上品；选水以山水为上，江水为中，井水为下，有“山顶泉轻清”之说；煮茶之火，以“活火”为佳，炭以绞只炭和橄榄核炭为上选。冲泡程式多达21项，包括茶具讲示、茶师净手、泥炉生火、砂铫掏水、榄炭煮水、开水热罐、再温茶盅、茗倾素纸、壶纳乌龙、甘泉洗茶、提铫高冲、壶盖刮沫、淋盖追热、烫杯、滚杯、低洒茶汤、关公巡城、韩信点兵、敬请品味、先闻茶香、和气细啜、三嗅杯底、瑞气圆融等，每一步骤都体现了潮州人对茶的尊重和对生活的热爱。潮州工夫茶艺不仅在冲泡程式上讲究，在精神内涵上更是独树一帜。它以“七义一心”为茶道规范，即“立七义一心以尽道”，将茶艺提升到了一种精神层面，体现了潮州人对“和”的追求。这种茶艺文化，已经成为潮州人生活的一部分，对潮州乃至整个潮汕地区的文化产生了深远的影响。

中秋月圆之时，是潮州工夫茶艺展现其独特魅力的最佳时刻。在月圆之夜，潮州人会邀请亲朋好友，围坐在一起，赏月品茗，共享团圆之乐。此时，工夫茶不仅是一种饮品，更是一种情感的纽带，连接着家人和朋友的心。潮州工夫茶艺的每一个细节，都与中秋的团圆主题相契合，从选茶、选水、煮茶到品茶，每一步都体现了潮州人对团圆的珍视和对美好生活的追求。

惠州舞火狗

非遗级别：省级
非遗类别：民俗
公布时间：2006年（第一批）
流布区域：惠州市龙门县

“火狗仔仲唔来，火狗公仲唔来，来（啰）来（啰）有梳头（哩）有洗脸（哩）。”这是瑶族少女在农历八月十五晚拜祠堂时所念的拜祭词。每年农历八月十五晚上，蓝田瑶族都会舞火狗。舞火狗是龙门县蓝田瑶族乡瑶族少女的成年礼，来源于蓝田瑶族对狗的图腾崇拜。

农历八月十五晚上，当地未婚少女集中在地堂，由有“福份”的女性长辈给她们扮演“火狗”，手臂、腰部用山藤绑上黄姜叶，头戴竹笠，并插上香火，这身装扮有不忘先祖生活艰辛之意。舞火狗由拜祠堂、拜禾塘（晒谷场）、拜灶膛、拜菜园、驱瘟逐疫五个仪式组成。拜祠堂是到本姓祠堂拜祭本峒的最高神“峒主爷”和本姓氏族祖，祈愿祖先护佑；拜禾塘是到本村最大的禾塘拜祭祈求衣食无忧、五谷丰登；拜灶膛是到每家厨房祭拜，祈愿火种常存；拜菜园是祈求蔬菜长得茂盛；驱瘟逐疫则是“火狗”少女们将身上捆扎的黄姜叶、竹笠和香火统统扔到河里，再用河水濯洗手脚，象征沐浴全身，祛除邪气。拜祭仪式完结后，邻近各村的火狗队会聚集一起，似一条长龙，蜿蜒到村外的河边。在整个成年礼活动中，男青年一

■ 舞火狗

直在旁燃放鞭炮，选择意中人与之对歌，直到天亮。

传说瑶族先祖靠狗奶养大，瑶民永记狗“再生之母”的恩德，规定每年农历八月十五晚上举行少女成年礼活动。舞火狗是蓝田瑶族流传下来一年一度举行的少女成年礼仪，同时也成为青年男女的社交媒介，其既有庄重严肃、虔诚崇敬的特点，也有热闹壮观的场面，深具蓝田瑶族淳朴、浓郁的民俗风格。

■ 濯洗手脚，象征祛除邪气

潮式朥饼制作技艺

非遗级别：省级
非遗类别：传统技艺
公布时间：2013年（第五批）
流布区域：汕头市金平区

月饼还是朥的香。中秋节吃月饼是中华民族千百年来的传统习俗，但潮汕地区喜欢在中秋制作品尝被当地人称为月饼的朥饼。光绪甲申周恒重监修《潮阳县志》云："中秋，制团圆饼，号月饼……"这里所说的"团圆饼"，即潮汕通称的朥饼。

朥饼是潮汕民间的传统糕饼。朥饼制馅分为豆沙、水晶馅。豆沙馅选取优质红豆或绿豆去除杂质、将豆子蒸煮熟、去除豆皮打磨成浆、洗沙、静置、用布袋将豆沙装好压去水分、放入炒锅加糖、油一起炒制、冷却包装；水晶馅是将芝麻和花生炒熟并去皮切碎，生葱用油炸成葱油，冬瓜和橘饼切成粒，加适量清水和糕粉搅拌均匀、静置1小时后制成。包饼采用"小包酥"工艺，即间水油皮和油酥按单个饼皮进行独个包酥，过程分为打皮，即将面粉、油、水、麦芽糖按比例揉搓成水油皮，将定量的面粉和油搅拌搓揉成酥皮；饼皮静置熟化45分钟；包酥，将水油皮和酥皮按一定比例进行小包酥；叠酥，用擀面杖将包好酥的饼皮擀成长2—4寸、宽2寸的长条状卷起压平，再

■ 盖印

擀成长3—6寸、宽2寸的长条状卷起来形成8—12层的酥皮；开皮；包馅；盖印；翻饼。朥饼要经过两次烘烤，分第一次烘烤、翻饼、打孔、刷油、二次烘烤、冷却、包装等程序。潮式朥饼制作技艺具有独特的馅料“水洗”“小包酥”“二次烘烤”等工艺。

潮式朥饼以其香甜、脆软、肥而不腻驰名海内外。潮式朥饼数百年来讲究遵守古法，采用手工制作，特点是皮酥薄脆。潮式朥饼以其独特的制作工艺和深厚的文化意蕴，成为潮汕文化的重要内容。

■ 翻饼

广州饼印制作技艺

非遗级别：省级
非遗类别：传统技艺
公布时间：2018年（第七批）
流布区域：广州市

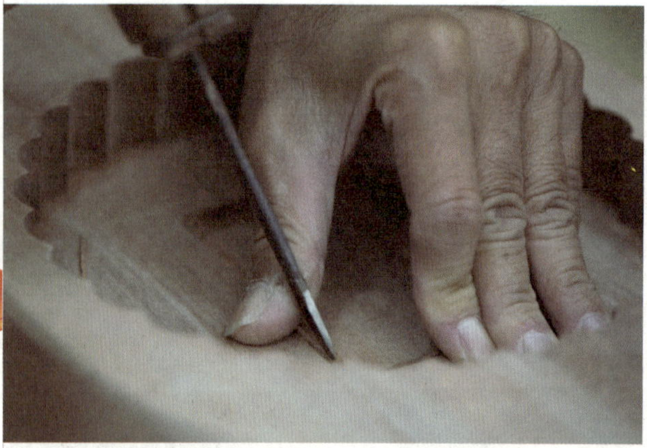

■ 广州饼印制作技艺

■ 各式月饼模具

千锤万凿出饼印，一拍一扣成饼食。广州饼印又称“饼模”，是生产广式月饼、杏仁饼、龙凤礼饼等各式传统广式饼食的主要工具，从大类上可分为广式月饼饼印和色饼饼印（泛指其他各式广式饼食）。

广州饼印制作技艺历史悠久，清朝同治年间，今大新路、天成路、人民南路、象牙街一带就已有数家饼印作坊。广州饼印制作程序精良复杂，一枚饼印制作周期长达两年以上。做饼印的材料最好选用广西野生棠梨木，其木纹细，韧性强，不容易裂开损坏。制作时，首先将木材开锯成0.33米×0.1米

×0.05米的木头，经过两年的自然风干后，“刨平滑”做“车手柄”，再根据客人要求“画样”，然后开孔“凿牙”“铲低”“掺牙”“起脚”“字号”“雕花”“雕字”“开气孔”“修边”“打磨”，最后盖上本店字号的章才算完成。“余同号”是广州著名的饼印制作世家，始创于清代同治四年（1865年），迄今已有150多年历史。“余同号”制作的饼印除月饼饼印外，还有席点、点心等

模具，比如水晶饼、嫁女饼、杏仁饼、炒米饼等，样式繁多，其中字号、雕花共有数百种样式。

广州饼印图案往往适应各式饼食的场合需求，表现出不同的吉祥寓意，有八仙、和合二仙、福禄寿三星等众多图案。广州饼印制作技艺见证了广州木雕、广府民俗节庆、广式饼食和广府饮茶习俗的发展和演变，形成了南派饼印的特色，是“食在广州”的重要组成部分。

烧番塔

非遗级别：省级
非遗类别：民俗
公布时间：2018年（第七批）
流布区域：肇庆市鼎湖区

随着人们点燃垒砌的番塔后，熊熊火苗冉冉升起，肇庆鼎湖的中秋夜祭祀祈福仪式正式开始。夜空中，数层楼高的火焰徐徐升起，塔身通红，爆裂的砖材声萦绕耳旁，鼎湖人民以此祈求风调雨顺，国泰民安。

肇庆市鼎湖区、高要区和端州区的乡村中，有在中秋夜“烧番塔”的节庆习俗。村中的男性青少年在中秋节前自发集材修建“番塔”。他们用残旧砖瓦、石块和柴草燃料等，在村中的空地中垒起塔墙。“番塔”塔形有大有小，视材料和燃料而定。外形呈底宽顶窄状，腔内中空，砖料垒砌的塔身也留有缝隙便于点火通风。大塔底直径长2—3米、高3—4米，小塔底直径1米、高1.5米。到了中秋当夜，人们在塔身上撒上木糠柴或禾秆草之类的易燃物，在膛内点火。“番塔”易于通风的结构设计，使其在点燃后不久便燃起熊熊烈火，火龙缠绕整座“番

中秋烧番塔

塔”，整个塔身都烧得通红，火花从塔身的缝隙中透出，并朝塔顶向上喷发，形成数层楼高的火焰。人们一边向“番塔”添柴加草，一边同唱“番塔歌”并燃放鞭炮，全场火光一片，气氛热烈。活动尽兴之后便合力把塔推倒，然后散去。

肇庆市鼎湖区烧番塔的起源，据说与纪念抗击法国侵略者的晚清名将刘永福有关。烧番塔活动寄予了人们对民族英雄的深厚怀念和敬重，表达了人们祈望国泰民安、风调雨顺、建设美好家园的信念和祝愿，对研究地方历史文化具有一定价值。

小榄菊花会

非遗级别：国家级
非遗类别：民俗
公布时间：2006年（第一批）
流布区域：中山市小榄镇

■ 小榄菊花会

■ 多样的菊艺设计

评菊有“三不”，即不脱脚叶、不交枝、不跪脚。清乾隆元年（1736年），小榄始有赛菊之举，名为“菊试”，后发展为菊花会，会期数天至十数天不定，活动内容主要包括赏菊、赛菊、吟菊、画菊、尝菊、水上飘色、菊花戏等。

小榄素有爱菊、种菊、赏菊的传统。相传南宋咸淳十年（1274年），小榄先民自中原南迁珠玑巷，为避战祸又从珠玑巷再度南逃。来到香山海边，见遍地黄花，水足田肥，便留下定居。这便是后来的小榄村。小榄人为纪念先辈南宋咸淳甲戌定居之功，不仅形成了种菊赏菊的传统，并约定每逢甲戌年便要开一次盛会。1959年，小榄打破惯例，举办首届菊花大会。这届菊花会，小榄人用菊花砌成一件宽10米、高7米的巨幅壁画“和平鸽”，用菊艺砌作巨幅标语、图案等，同时展出一大批大立菊、悬能菊、塔形菊、品种菊。《羊城晚报》《广东画报》等省内外报刊连日大篇幅报道菊会盛况，赞誉小榄为“菊城”。从此“菊城”花事日渐繁盛，小榄“菊城”的美誉广为人知。

重阳日历来就有赏菊花的习俗，所以古来又称“菊花节”。农历九月俗称菊月，节日举办菊花大会，倾城的人潮赴会赏菊。小榄菊花会以花为媒，以菊会友，技艺精巧，规模宏大，构成了独具一格的民间传统综合性花会，是中国菊文化最集中的体现。进入21世纪以后，小榄菊花会基本做到年年举办，并且与时代和社会紧密结合。

■ 下沙祭祖习俗

下沙祭祖习俗

非遗级别：国家级
非遗类别：民俗
公布时间：2011年（第三批）
流布区域：深圳市福田区

《黄氏家谱》中称：“水有源，木有本，人有心，应立祠堂，置祀产，春秋时节令我族人咸集祠堂，举行典礼，弘扬仁孝之德，除却蠢愚之念。”下沙黄氏祭祖分春秋两祭：春祭为清明节前，只拜祠堂；秋祭为重阳节后，既要拜墓（农历九月十五日），又要拜祠堂（农历九月十六日）。祭祀地点为村内的黄思铭公世祠和莲花山的黄默堂墓地。

下沙黄氏重阳祭祖仪式的筹备工作由族长负责，黄氏宗族共有六大房。祭典仪式由长房嫡孙主持，世代相承。举行祠堂祭典时，三跪九叩后，还要加进初献、亚献和三献礼；祭祖完毕，要在祠堂外的广场上舞龙狮助兴。下沙黄氏重阳祭祖习俗中比较独特的程序是全族男丁共进大盆菜宴。这一习俗相传起源于南宋末年村民慰劳流亡官兵。大盆菜以萝卜、慈姑、支竹、冬菇、油豆腐、鱿鱼、芹菜、木耳、干猪肉皮、焖鳝干、五花肉、蚝、鲜鳝鱼、鸭肉等十五种为主料，再辅以蒜头、姜、葱、南乳等佐料，采用煮、煎、炸、炒、烧等方法，用大铁锅将十五种主料分别一一加工好，做成十五道不同风格、不同味道的主菜。最后以萝卜作为第一道菜铺底，把加工好的十五道菜，按上述主菜的顺序，一层一层依次盛入大木盆里。伴随着广场上热烈的鞭炮声，成千上万人同时开宴，场面十分壮观。

如今，旅居海外的下沙籍黄氏后裔约有几千人，每年下沙祭祖都有代表回国参加。下沙黄氏重阳祭祖习俗源远流长，世代相传，而且仪式完整，组织严密，对于研究中国古代祭祖习俗的形成、发展、演变具有较高的价值。

■ 祠堂祭典

■ 大盆菜宴

阳江风筝

非遗级别：省级
非遗类别：传统技艺
公布时间：2006年（第一批）
流布区域：阳江市

中国风筝界有“北有潍坊，南有阳江”之说。阳江风筝制作讲究，形态多样，绘有七仙女、嫦娥奔月等人物故事，以及花卉水果和鸟兽鱼虫。

阳江风筝最具代表性的有灵芝、百足、崖鹰三种造型风筝。灵芝风筝取材于白娘子盗灵芝仙草传说，其结构上方为一片白云配以盗仙草和金山寺画面，中间是一托大灵芝，下方是口衔灵芝草的梅花小鹿，曾被评为世界风筝“十绝”之一；百足风筝最长达208米，凌空后可前伸后缩，左缠右绕，摇头摆尾，上下翻滚，还能表演“龙吐珠”“戏鞭炮”“龙头吐火”等特技，被誉为“阳江活龙”；崖鹰风筝模仿鹰的形象制作，以群鹰串飞最具特色，一条线上可分支出多只小鹰，最多达几十只乃至上百只，既可直串，也可树串，凌空时群鹰翱翔，上下翻飞，左右盘旋，不时引来真鹰追逐，臻于以假乱真的境地。阳江风筝制作技艺包括扎制骨架、裱糊蒙面、彩绘美化和调试放飞四个方面，制作时须根据风筝的大小及受风不同的要求，使用软硬适度的竹条，精细分布各部位的比例，尤其注重受力线和调节线的布设，以适应大小不同的风力和风向变化，获得最佳的放飞效果。

阳江市民间历来有重阳节登高放风筝的传统习俗，民谣中有“九月重阳考鹞高”的词句，清代竹枝词里更有“纸鹞参差万影交”的盛况描绘。阳江地处粤西南沿海，夏季台风频繁，冬季东北风劲吹，秋高气爽的重阳便成为放飞风筝的好时节。

■ 百足风筝

重阳节“大神会”

非遗级别：省级
非遗类别：民俗
公布时间：2013年（第五批）
流布区域：清远市连州市保安镇

重阳节“大神会”是连州市保安镇群众重阳佳节期间接神驱鬼祈福的傩祭习俗。

大神会的会期为农历九月初七至初十，“大神”即西岳大帝。初八、初九两日为主要会期。初八下午，各村坊队伍按固定路线游行，有彩门、坊牌、舞龙、舞狮和扮“故事”等队伍，并有村人扮演廖冲、灵王公等当地先贤。当晚由轮值村坊组织巡游队伍迎接“大神”衣冠到本村坊神台拜祭，队伍中没有高神和扮“故事”，但增加了60岁以上的老人队。重阳节当天，轮值村坊组织队伍将“大神”判官和使者的衣冠送上福山寺玉皇殿，扮神者装饰好后，再沿路下保安街。途中，其他坊的巡游队伍在高神坪迎接“大神”下街，所到之处家家户户烧香放炮迎接，之后到摇神坪由判官进行“踩八卦”祭祀、祈祷的仪式。下午的“大神会”最隆重，各村坊巡游队伍依次序从文明坊接龙门下街，集中在摇神坪进行第二轮“踩八卦”。之后，由轮值村坊游行队伍带头，一路游行下街，此时大神面容不再慈祥，而变得十分凶恶，以碾杀一切邪神恶鬼。各坊抬出各种神像在大街中间放下，这是“囤大神”。巡游直至当天晚上才结束。初十上午，各村坊龙狮队上街表演以示送客，至此大神会结束。

重阳节“大神会”由民间傩祭习俗，经过数百年传承发展，已成为当地群众纪念祖先、祈福禳灾和亲朋欢聚的民俗盛会，其保留了连州地区民间的信仰、艺术、文化等信息，具有重要的历史与文化价值。

■ 重阳节“大神会”

广州重阳登高

非遗级别：市级
非遗类别：民俗
公布时间：2007年（第一批）
流布区域：广州市白云区

《广东新语》中记载广州“九月九日载花糕萸酒，登五层楼、双塔，放响弓鹞”。“弓鹞”即风筝，是求福、长寿、喜庆、吉祥的象征，民间曾有“重阳登高放弓鹞，千灾万祸一齐消”的谚语。

广州坊间传说，古代羊城曾暴发瘟疫，先秦方士郑安期登白云山采药济世，却不慎在山中失足坠崖，驾鹤仙去。后来人们根据郑安期留下的指引，找到九节菖蒲，使疫情得到控制。为纪念郑安期，人们以他飞升之日为郑仙诞，又称白云诞。白云诞当天，人们相约登山致祭，采摘菖蒲，涧中沐浴，逐渐演变成节俗。20世纪70年代起，白云诞与重阳登高相结合，越秀山、白云山、六榕花塔、镇海楼等地是广州人重阳节的主要登高处。如若在无山可登的地方，因“高”与“糕”同音，也可用吃花糕代替登高。白云山重阳登高往往要经郑仙岩、蒲涧、鹤舒台、九龙泉等仙迹，到达摩星岭。明人以白云山为“天南第一峰”，清代康熙年间人们开始

转运风车

用此专指摩星岭。进入摩星岭门岗后100米处，有一大型塑石，上刻“摩星岭”三字，高6米，宽4米，合为10米，寓意十全十美，吉星高照，被称为“吉星石”，是登高转运的必经之石。摩星岭顶部平台有一个标志性建筑物，寓意为“登高揽胜”。

每年从农历九月初八下午开始，一直到第二天，广州人手持转运风车，从四面八方会聚到白云山，从各个山门上山，一直步行至摩星岭。手持风车，取的是“时来运转”之意，表达了广州人对美好生活的向往。

■ 重阳节市民登高

瑶族耍歌堂

非遗级别：国家级
非遗类别：民俗
公布时间：2006年（第一批）
流布区域：清远市连南瑶族自治县

■ 瑶族耍歌堂

“岁仲冬十六日，盖田野功毕也，诸瑶至庙为会，名曰耍歌堂，男女同集跳舞唱歌。”耍歌堂是排瑶一项大型文化活动，主要流行于三排（含南岗）、涡水、大坪、香坪（含盘石）、三江（含金坑）等6个镇的排瑶村寨。

耍歌堂分大歌堂和小歌堂。大歌堂历时三天，每三年或五年举办一次；小歌堂历时一天，每两年或三年举办一次；会期在农历十月十六盘古王婆诞辰这一天。这一天是全国瑶族共同的传统节日“盘王节”，而连南八排瑶则称其为耍歌堂。举行大还是小歌堂，由各排民众商议决定。排瑶没有本民族的文字，耍歌堂便成了文化交流和传承历史的重要载体。耍歌堂分游神大典、讴歌跳舞、过州过府、追打三怪、枪杀法真、酬神还愿等仪式活动，其中过州过府是耍歌堂的中心环节，目的是纪念祖先迁徙到瑶山的艰苦历程。他们在歌堂坪上插36支竹签，签上用色纸写上雍州、道州、荆州等标志，竹签每隔两米插上1枝，成方块形，由族长、先生公摇着铜铃，念着经书在前开路，接着长鼓队、牛角队、铜锣队、男歌队、女歌队等排成长龙，围绕着竹签（州府）转来转去，每个州府都绕转九周，好比古代战争行军列阵，十分壮观。

耍歌堂是一种集连南排瑶纪念祖先、追忆历史、庆祝丰收、酬谢还愿、传播知识和娱乐群众于一体的民间盛会，其精美的头饰、绚丽的服饰，独特的长鼓舞、师爷舞，以及所使用的牛角、铜锣、唢呐、芒笛、五月箫、长笛等民间乐器，都是不可多得的文化艺术结晶，充分体现了排瑶人民对幸福生活的追求与向往。

瑶族盘王节

非遗级别：国家级
非遗类别：民俗
公布时间：2006年（第一批）
流布区域：韶关市乳源瑶族自治县

民间有歌谣说，“瑶族节日多，月月有节过”。盘王节是瑶族众多节日中最为隆重、盛大的节日。瑶族盘王节源自农历十月十六的盘王节歌会。每逢这天，瑶民便汇聚一起，载歌载舞，纪念盘王，并逐渐发展为盘王节。

■ 瑶族盘王节

■ 盘王舞

乳源瑶族自治县聚居的大多数是过山瑶，乳源也因此有着“世界过山瑶之乡”的称号。过山瑶的“盘王节”，又称“还盘王愿”。盘王节的期限包括三天三夜和七天七夜两种，仪式主要分两大部分进行。第一部分是“请圣、排位、上光、招禾、还愿、谢圣”，整个仪式中唢呐乐队全程伴奏，师公跳《盘王舞》；第二部分是请瑶族的祖先神和全族人前来“流乐”（瑶语中意为玩乐），这是盘王节的主要部分，吟唱表现瑶族神话、历史、政治、经济、文化艺术、社会生活等内容的历史长诗《盘王大歌》。流乐仪式一般要举行一天一夜。盘王节仪式由4名正师公主持，各司其职，还愿师、祭兵师、赏兵师、五谷师，每人1名助手，共8人，此外还有4名歌娘歌师、6名童男童女、1名长鼓艺人和唢呐乐队参与盘王节。其传承方式以师承和家传为主。

瑶族是一个多族系的民族，各地瑶族过盘王节的时间不一致，一般在秋收后至春节前的农闲时间举行，分定期和不定期两种。1984年8月，来自全国各地瑶族代表汇集广西南宁，大家一致赞成以“勉”族系的祭祀节日跳盘王为基础，加以发展成为盘王节，一致议定盘王节为瑶族统一节日，并将节日定为每年农历十月十六日举行。

禾楼舞

非遗级别：国家级
非遗类别：传统舞蹈
公布时间：2008年（第二批）
流布区域：云浮市郁南县连滩镇

■ 禾楼舞

■ 扎稻穗

“登上楼台跳禾楼，风调雨顺庆丰收。”禾楼舞，被誉为远古稻作文化的“活化石”，距今已有近2000年历史。在漫长的历史进程中，禾楼舞经历了从乌浒人到瑶族到汉族的相继传承，并融入道教的文化元素，演变成庆丰收、盼太平的传统民间舞蹈。

禾楼舞多在立冬后十日的夜间举行，地点或在社坛、庙宇前，或在田间、河滩。表演人数一般为21人，领舞巫师1人，舞队为10男10女。表演时，场上设有竹、木、稻草搭建的四方状禾楼，燃起火堆。舞者均脸戴面具，舞队头戴斗笠，一色黑衣、麻鞋。男着黑裤，腰束围巾，挂牛角号，女系黑裙，绣图饰物披肩，挂藤环；巫师则头戴莲花冠，系红色间黄披肩。在节奏强烈的锣鼓乐和唢呐声中，巫师左手举起牛头锡杖，右手摇动系有彩带的铜铃，引领高举竹筒火把的男舞队和手捧稻穗的女舞队，一边唱着禾楼歌一边做出摆身、摇手、踏足等粗犷动作，向着东南西北四方起舞。接着是两个带有仪式性的舞段——过火门、拜天地，最后在火把、火门的映照下，女舞者双手高高举起稻穗，以示庆祝丰收，祈求上天赐福。

禾楼舞中的举牛图腾和火把、捧稻穗、过火门，以及一式的黑色装束等，保存了乌浒部落对动植物和火的原始崇拜以及审美风尚的记忆，摆腰、摇手、踏足的古朴动作也带有原始舞蹈的基本特征。它是远古农耕文化的产物，显示着古代南江流域独具的地方文化特色。

沙头角鱼灯舞

非遗级别：国家级
非遗类别：传统舞蹈
公布时间：2008年（第二批）
流布区域：深圳市盐田区

■ 沙头角鱼灯舞

“日出沙头，月悬海角。”享有如此美誉的沙头角，背靠梧桐山，面向大鹏湾，依海而生，靠海而存，孕育出鱼灯舞文化。沙头角鱼灯舞是带故事性的道具类动物舞蹈，起源于明末清初，是当地民间逢年过节、拜神祭祖、喜庆丰收的必备节目。

沙头角鱼灯舞的表演道具渔灯用竹篾扎制，有红鲤、青鲤、黑鲤等20多种鱼类造型，均裱糊纱纸涂上颜料，鱼身可上下左右活动，鱼腹下端插一木棍，供舞者操纵表演，腹内放置蜡烛，点燃时通体透亮。表演一般在晚上进行，场上置有4根白色空心柱，代表海底龙柱，内点通明烛火，四周围以海蓝色幕布，象征大海深处。表演从20多个躲在幕布后的舞者高举各色鱼灯欢快地游动开始，演绎一个发生在海底世界的群鱼抗恶的故事。舞中的黄鳢角鱼、龙头鱼尾，强悍凶猛，是海底恶霸，它们不断追逐侵袭群鱼，吞食弱者。舞蹈高潮是群鱼在红鲤鱼的带领下，对黄鳢角鱼围而攻之，把它打败。表演中，舞者须保持低马步，以便俯身曲背运行穿插，而鱼灯的舞姿舞态，也靠舞者的舞步配合，并操纵鱼灯起伏游动、左右摆动、上下翻跃，以表现悠闲、兴奋、受惊等不同情绪和神态。沙头角鱼灯舞用锣、鼓、钹、唢呐和螺号伴奏，均使用广东音乐，如《逛花园》《大开门》《得胜令》等。

鱼灯舞作为早期渔民祈求渔业丰收的一种艺术表现形式，体现了民间惩恶扬善的传统观念，揭示出弱肉强食必受惩罚的朴素真理，是我国传统民间艺术中保留的一项颇具文化特色的民俗活动。

跳花棚

非遗级别：国家级
非遗类别：传统舞蹈
公布时间：2011年（第三批）
流布区域：茂名市化州市

■ 跳花棚

■ 独特的舞蹈程式

“嫁到长尾公，吃了跳棚再吃冬。”跳棚即跳花棚，主要流布于化州市石湾街长尾公村、卷塘尾村等地。跳花棚是傩舞的表演样式之一，在每年农历十月小雪至大雪期间择日举行。

跳花棚有固定的“科本”（演唱台本），共分为接神、安座、开棚门、小孩儿、道叔、秀才等十八科（场），形式是一边舞蹈，一边吟唱。跳棚时，舞者分别戴上用樟木雕的36个不同角色的面具，有道士、陈九、判官等等，除两副面具上有双角外，其余均与戏曲中的道士、生旦等人物脸谱相似。表演按十八科顺序进行，其中道叔科的歌舞最多，由两个道公演唱，内容多为农事耕耘、男女情趣、祈神保佑等。重要舞段则是跳纸钱，由傩面角色纸钱一人主跳，有撇里撇外、跪斗、转身托腮等9个动作。接着，俗称“七鬼仔”的2个道公和耙头、沙刀等5个傩面角色走上跳棚台，在四个方位，把纸钱的9个动作蹲着重跳一遍，即“跳四门”，是最能体现跳花棚特色的舞蹈程式。最后由身着道袍的“独角和尚”边独脚单跳，边喃喃吟诵，在锣鼓、鞭炮齐鸣中结束跳棚。跳花棚的伴奏以打击乐为主，包括堂鼓、中钹、高边锣等，偶用唢呐、二胡和秦琴，另场外还有带歌词的《鬼仔调》伴唱。

跳花棚祭神酬神仪式是傩文化与农耕文化的结合。如今，跳花棚的表演内容和形式不断创新，以原“道叔科”的6个傩面具角色动作为基础，融合古典舞的动作素材，借鉴舞蹈编舞技法，使跳花棚表演内容走向艺术多元化。

平远船灯

非遗级别：省级
非遗类别：传统舞蹈
公布时间：2006年（第一批）
流布区域：梅州市平远县

■ 平远船灯

“船在水中行，人在船中舞。”平远县的船灯舞于200多年前由福建武平县传入，源于清顺治帝在闽西南汀江夜遇风浪受阻，得渔翁爷孙俩相助，后命乐府作“渔家乐”曲牌，并赐“渔家乐”金匾和夜明珠一颗的传说。

平远船灯制作工艺独特，根据传统故事情节制造，舱的前上方正中央有一圆球灯，模拟清朝皇帝恩赐的“夜明珠”，在其下方，镶嵌“圣旨”两字；船舱尾部正上方镶有顺治赐牌匾中“渔家乐”三字。同时，船尾的彩架上，挂有一盏用于照明的灯笼，以作夜行船之用。此二“灯”就与道具“船”合称为“船灯”。平远船灯的表演形式为边舞边唱，歌舞结合。由一男饰老翁，一女饰孙女，古代渔家打扮，分别在船头、船尾表演，另一人则藏于舱内操纵彩船。表演时，演员主要模仿划船的动作，操船者则模拟船在小溪、大江、急流、险滩、暴风骤雨等状况下飘荡的情景。舞蹈最初以驾船捕鱼、歌唱渔家乐为表现内容，后逐渐出现男女情爱、劝世讽俗等多种题材；原以单船表演为主，改革开放后逐渐从两船、三船发展为五船、六船，甚至兼有大、小船等多船表演。平远船灯的伴奏音乐以唢呐、笛、三弦、二胡等民间管弦乐器为主，为使节奏明快、气氛热烈，有时也增加锣、鼓、钹、铛等打击乐器；曲调多为传统民间小调，如《渔家乐》《闹元宵》等。

平远船灯具有浓郁的粤东客家文化特色，每逢春节、元宵、端午、中秋以及喜庆丰收之时，当地民间便制作、排演船灯舞以此庆祝节日，表达丰收后的喜悦之情以及对美好生活的向往。

雷州乌石蜈蚣舞

非遗级别：省级
非遗类别：传统舞蹈
公布时间：2009年（第三批）
流布区域：湛江市雷州市

蜈蚣舞，天下一奇也。雷州乌石蜈蚣舞是雷州市乌石港先民创造的一种祛邪消灾、耕海丰收的民俗舞蹈，起源于明代，在每年农历八月十五、十六夜晚，乌石港群众都会跳起传统的蜈蚣舞。

■ 乌石蜈蚣舞

传统的乌石蜈蚣舞表演者多达80余人，他们头戴草笠，草笠上插满香，双手也各执一把香，一个接一个排成一排，用一条长约100多米的大船缆在各人腰部打结，每隔1.5米至2米一个人。表演时，表演者均以半蹲姿势且张开双臂起舞，模仿蜈蚣行走。领头者双手作蜈蚣“钳牙”状，头戴小猪笼，猪笼中塞满泡沫块并插上香，在前方开路。尾部两人各背一个小猪笼，猪笼中塞着石头和浸湿的稻草，四周插满了香，分别向左右摇摆，模拟蜈蚣行走时尾部的活动。还有一人扮“耍弄者”，手持竹竿、稻草球制的“蜈蚣珠”，在队前做挑逗动作。近代，为增加蜈蚣舞的艺术性和观赏性，表演者对蜈蚣舞进行了改编，将蜈蚣舞表演队伍由一改为二，表演者从80人减至10到20人之间，形式改为“两雄蜈蚣”“两雌蜈蚣”或“雌雄蜈蚣”三种组合。表演时表演者身着蜈蚣色服装，舞蹈动作以模拟蜈蚣爬行和相互嬉戏的形态为基础，随着锣鼓的节奏摆动，时缓时急，两条蜈蚣不断变化姿势，逆向、转腾、穿插。

乌石港是疍家聚居之地，也是古雷州府的水师重镇。蜈蚣舞是疍家文化、陆居文化融合的产物，具有农耕、海洋文化的双重特征。近年来，雷州乌石蜈蚣舞以其自己独特的魅力及其文化内涵，已逐步走出当地，成为深受人们喜爱的特色舞蹈。

禾谷醮

非遗级别：省级
非遗类别：民俗
公布时间：2012年（第四批）
流布区域：云浮市罗定市

开坛、游神、驱邪、引福、散醮、演戏，为禾谷醮活动内容的六大部分。禾谷醮是罗定地区传统“做醮”祭祀谷神的民俗活动，已有300多年历史。禾谷醮每两年举办一次，时间多定于秋收后10—20天，以庆祝禾谷丰收。

■ 巡游队伍

■ 禾谷醮

禾谷醮醮期长达五天四夜，由醮会理事会组织，并延请法师主持。醮会前15天，搭建戏台、厨房和做醮的棚子等，各村清理菩萨巡游路线，张贴醮期告示，物色扮演古代人物、故事的巡游人选。醮会前一天在社坛前挂起“天烛灯”，招各方游魂野鬼前来享祭。其中祭神是醮会活动的主要内容。祭神和游神仪式多在禾谷醮第二天举行，当地信奉的华光帝、盘古、洪圣大王（南海龙王）都在巡游之列，巡游队伍由醒狮队开路，按固定路线巡游各村社，并有形形色色传统扮相的表演相随，如观音送子、三星赐福、七姐下凡、八仙贺寿、五子登科、西游记、哪吒闹海、封神榜、五谷丰登、六畜兴旺等，整个队伍可达二三千人。驱邪是醮会活动的核心，由法师逐一到各户人家进行“掠门”，收取代表各家不吉利的稻草人，统一至河边烧掉寓意祛除邪祟，并于当晚举行“施幽”仪式，施舍、布施衣物财物食物给孤魂野鬼，避免其滋事。

禾谷醮是罗定地区群众在农耕生活和稻作习俗中形成、发展起来的民俗活动，由开始祭祀单一的谷神逐渐发展为信奉华光帝、盘古、洪圣大王等多神，其独特的醮会形式和丰富的仪式环节，承载着地方社会生产生活、民间信仰等多元文化信息，具有珍贵的历史价值和文化研究价值。

肆

送腊迎春

YACANG LINGNAN

雅藏岭南

梅县客家娘酒酿造技艺

非遗级别：省级
非遗类别：传统技艺
公布时间：2013年（第五批）
流布区域：梅州市梅县区

■ 梅县客家娘酒酿造技艺

■ 一碗客家娘酒，观之，酒色红褐，色泽温赤；酌之，入口醇厚，口感香甜

“酿酒做豆腐，无人敢称老师傅。”粤北客家地区每家每户几乎都精熟于酿制用糯米发酵而成的客家娘酒。并且客家人认为冬至那天的水味道最佳，酿出的酒质量最好，保存时间最长，所以冬至那天家家都要酿娘酒。

梅县客家娘酒制作工艺主要有选料、浸米、蒸饭、冷却、加入酒曲、发酵、取酒、炙烤、封坛9个制作程序。选取优质糯米为原料，将糯米浸泡一天，使米粒中的淀粉吸水膨胀，颗粒软化。先用大火加热糯米，沸后再用文火将米蒸熟蒸透，以松、软、透而不结团为佳。出锅后的糯米要铺撒在米筛或地面上放凉，将蒸煮后的糯米拌入5%酒曲（酒饼）。此种酒曲由十多种药材配制而成，相当于天然酵母。将拌好酒曲的糯米放入陶器坛中，用手拍实，在酒缸中间挖个小酒洞，撒点伴有酒曲（酒饼）的凉开水，密封，盖上被子，一般来说人穿多少衣裳就要为酒盖多少被子，大约24小时后坛内温度自然上升，淀粉转化为糖分。自然发酵七日左右转入大缸，封好口放置两三个月。然后压榨酒糟，分离汁和酒糟，把酒汁盛入坛中，用碗盖住，再用另一个碗反扣，以防杂物落入。在坛子四周围上谷糠或稻草，阴火炙烤一天，把酒煮沸，既灭菌又让酒的口感更醇香。待其自然冷却，放置一周后，淘汰沉淀物，封好酒坛放置，便可随时饮用。

梅县客家娘酒是纯天然绿色饮品，含有丰富的氨基酸、微量元素、维生素，酒精度低，营养价值高。如今客家娘酒不仅成为客家人春节喜庆日子饭桌上的必备饮品，更是送礼佳品。

客家酿豆腐

非遗级别：省级
非遗类别：传统技艺
公布时间：2015年（第六批）
流布区域：惠州市

■ 客家酿豆腐

“有钱冇钱，豆腐过年。”客家酿豆腐是东江传统风味名菜，也是客家饮食文化中极具代表性的一道传统菜品。“客家酿豆腐”之所以独具特色，与它严格的制作工艺分不开。“酿”是客家话中的一个动词，与“植入馅料”同义，因此“酿豆腐”就是指“有肉馅的豆腐”。

传统客家酿豆腐烹饪技艺从制作客家豆腐开始，制作程序传统、讲究，选豆、泡豆、石磨豆浆、煮豆、过滤、定型、切块、剁馅、酿入馅料、烹调等几个工序下来，至少需要4个小时。首先选取新鲜黄豆用井水浸泡两至三小时，用石磨磨

■ 客家酿豆腐是客家人过节必煮菜式

制成豆浆，用纱布袋滤去豆渣后上锅煮沸豆浆。将煮沸的豆浆一次性冲撞到事先准备好石膏水的木桶里，绝不可二次冲撞。石膏使用的量要把握得当，这是决定豆浆能否凝固成豆腐花的关键。待豆浆与石膏水冲撞混合，经化学作用形成豆腐花后，把豆腐花盛上豆腐架，盖上木盖压上重物，滤去部分水分使其形成大块豆腐，然后用直尺将其分割成小块，最后将小块豆腐放入木桶冷水中进行冷却，豆腐制作即算完成。豆腐馅料需精选本地土猪之五花肉，将其剁碎，辅以鲮鱼或鳙鱼肉，调少许佐料，加入韭菜或葱等调味料，将准备好的馅料填入切好豆腐中。烹饪时先以温油将豆腐煎至四面金黄色，再入瓦煲文火炖煮半小时许，调味即可食用。

传说，酿豆腐源于北方的饺子。因南方缺少麦种，南迁后的客家人便以豆腐替代面粉，将肉塞入豆腐中，用酿豆腐寄托对北方饺子、中原文化的感情。由此可见，客家人冬至吃酿豆腐与北方冬至吃饺子的食俗一脉相承。这道简单而实在的客家酿豆腐在今天依然是客家人过节必煮的菜式，寄托着客家人浓浓的乡情乡愁。

广式烧腊制作技艺

非遗级别：省级
非遗类别：传统技艺
公布时间：2022年（第八批）
流布区域：广东省

冬至到，大多广东人都会“加菜”吃冬至肉，这是祖祖辈辈留下来的传统。其中，烧腊便是他们过冬至时餐桌上不可或缺的一种食物。广式烧腊制作技艺是传统的粤菜烹制方法之一，烧腊成品色泽鲜明、油而不腻。

■ 吃“冬至肉”

广式烧腊制作技艺讲究经验，工艺繁复，成品优劣主要由口味和火候两大因素决定。其制作工序主要包括选材、调味、投料、烫皮、上皮水、晾坯、烧制等。选取广东本地产的新鲜猪、鸭、鹅为主要原料。烧腊品种不同，调料不一，但都是以糖、盐、沙姜粉、五香粉、十三香等为基础调料，根据烧腊品种，加入桂皮、八角或香叶等秘制调料，搅拌均匀后将调料涂抹在食材内膛，充分腌制入味。再用开水均匀淋在肉身上，使其表皮涨起平滑。用蜜糖、醋等调好的皮水涂于食材表皮，后采用自然或吹风方式将食材晾干。烧制是广式烧腊制作技艺的核心技术之一，按传统做法，烧猪用叉固定，在炉上以明火人工旋转烧烤；烧鹅、烧鸭等挂于砖窑或瓦缸内烧制。以往多用果香木柴制炭作燃料，目前因环保需要，改用温度可控、效率更高的燃气炉烧制。但火候仍由师傅凭经验把控，需根据烧腊品种和分量控制时间，观察食材外观变化以判断烧制程度。

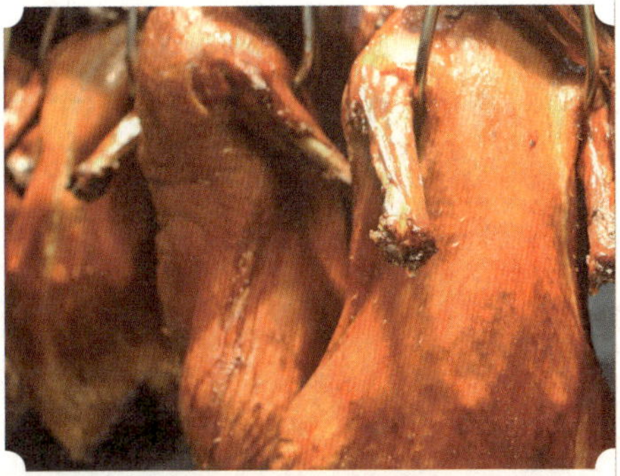

■ 经典烧腊——烧鸭、烧肉

广式烧腊制作技艺广泛流行于珠江三角洲、香港、澳门等地，“南番顺”是核心分布区域。里水镇地处广佛核心，当地制作烧腊的传统由来已久，是广佛烧腊的发源地之一，广式烧腊制作技艺由当地师傅通过家族或师徒传授方式传承至今。

小榄菊花传统饮食习俗

非遗级别：市级
非遗类别：民俗
公布时间：2008年（第一批）
流布区域：中山市小榄镇

“朝饮木兰之坠露兮，夕餐秋菊之落英。”菊花，花中四君子之一，可赏、可药、可食。以菊花入馔做出各种菊花美食，既是味蕾的享受，也是视觉的盛宴。小榄菊花传统美食主要流传于广东省中山市小榄镇，属于粤菜系。

小榄菊花传统饮食以小榄本地的食用菊花花瓣为原材料，配以猪肉、鱼肉、砂糖、片糖、糯米、面粉、绿豆粉、米酒、莲子、红豆等食材，不同的品种按照不同的比例和制作方法，制作成菊花鱼球、菊花肉、菊花水榄、菊花酒、菊花八宝饭等传统菊花美食，形成独特的地方传统饮食习俗。其中菊花水榄又称菊花汤圆，是小榄镇特有的一种汤圆，当地人会将其视作冬至的应节食品，是团圆的象征，同时也是各色菊花菜式中最经典的一种。据老人家说，一直以来，人们就爱吃水榄，这种习惯似乎从未改变。做水榄，菊花糠是灵魂。菊花糠用小榄盛产的黄地菊熬制，顾名思义，黄地菊满地走藤，花瓣香气醇郁，没有苦涩味。将猪板油加入由大量菊花糠糖渍而成的菊花肉中，清甜爽脆，再将菊花肉、豆沙包进糯米皮中，菊花水榄就做好了。

俗话说“冬大过年”，中山民间视冬至为重要节日之一。《香山县志》载：“冬至以丸羹祀神”。自古以来，当地便有着煮汤圆过冬的习俗。小榄人爱栽菊、赏菊、食菊，他们已经将菊花融入日常生活中。因此在冬至制作汤圆时，撒上一撮别具特色的菊花糠，更多的是体现了中山小榄独特且源远流长的菊花文化。

■ 小榄菊花传统美食之一——菊花水榄

平地黄氏冬祭

非遗级别：市级
非遗类别：民俗
公布时间：2017年（第八批）
流布区域：佛山市南海区大沥镇

■ 平地黄氏冬祭

■ 吃“九大簋”

■ 拜祭仪式

广东有个说法，“冬至大过年”，即广东人把冬至看得像过年一样隆重。在冬至，人们一般要祭祖，还要到坟墓前挂纸，俗称“挂冬”。每年冬至是南海大沥平地黄氏冬祭仪式的拜祭日。

冬祭仪式上，黄氏后人60岁以上男丁着古式礼服，在黄氏宗祠内向黄氏大祖宗德政公举行隆重而传统的拜祭仪式。仪式包括响锣、上香、读祭文、全体父老三叩首、化宝化祭文、敬茶、奠酒、三鞠躬行礼、礼成鸣炮以及合影留念等内容。仪式结束后，就到了午宴时间，族人同吃“九大簋”。“九大簋”包括三硬（白切鸡、烧肉、烧鸭或烧鹅）、三扣（扣肉、扣鸭、扣蚝）和三小炒（炒时令菜）。午宴过后还有传统的“太公分猪肉”习俗，体现了浓厚的孝德文化。该习俗规定凡是本村男丁，在冬祭当日，均可分得猪肉一份。其中，60岁以上可加一份，70岁以上可加两份，75岁以上加三份，以此类推，而90岁以上每岁再加一份。如今，凡族中60岁以上长者均可参与到仪式中，族内女性长者不仅可以身着马褂祭祖，还可以一同享受“太公分猪肉”。

据《南海平地黄氏族谱》记载，平地黄氏每年举行春、秋、冬三祭。清咸丰年间，取消秋祭，延续了数百年的冬祭几乎从未间断。其后曾一度中断，2005年，平地黄氏为纪念始祖德政公九百岁诞辰，复办冬祭。平地黄氏冬祭始终传承祖训——忠、孝、廉、节，慎终追远，弘扬孝道文化。

佛山木版年画

非遗级别：国家级
非遗类别：传统美术
公布时间：2006年（第一批）
流布区域：佛山市

■ 佛山木版年画

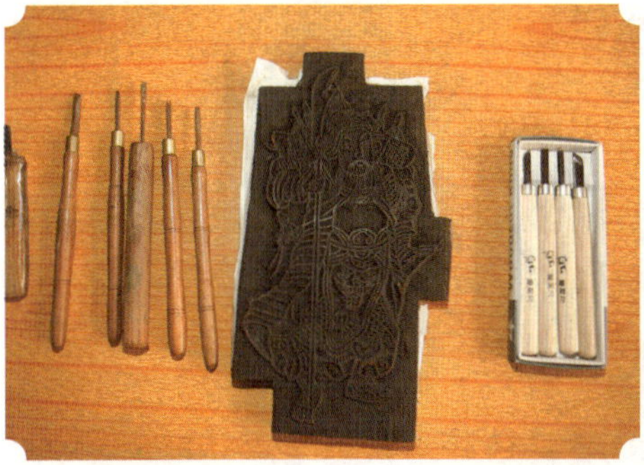

■ 所用工具

■ 年画画样

“帚扫之后，便贴年画，稚子之戏耳。”早在宋元时期，广州、佛山一带已流行刻绘门神的习俗。这类门神早期直接在门板上手绘刻画，后来另置木板绘刻，大量复印，制成木版年画行销于市，供人张贴。佛山木版年画的生产兴盛于清代乾嘉年间。

佛山木版年画以技艺划分，包括原画、木印、木印工笔三种类型；以题材划分，则有门神画、神像画和岁时风俗画三种类型。其主要功用为祭祀、祈福和装饰环境，体现了人们驱邪纳福的愿望。佛山木版年画借鉴和吸取了佛山民间剪纸、染色纸、铜凿写衬、木版花纸、神衣、门盏花钱等地方民间艺术制作技巧，在色彩上大面积使用丹红、绿、黄、黑等大色块套印，使画面富丽堂皇，熠熠生辉。热烈而艳丽的佛山木版年画使用佛山本地生产有“万年红”美称的大红、丹红作门画衬底，鲜艳华丽，增添喜庆吉祥的气氛。同时，在人物盔甲、袍带上绘画金银图案纹样，使画面更加丰富，更突出了佛山木版门画独有的艺术特色。

佛山木版年画形象精细，线条粗犷简练，刚劲有力，构图饱满，富于装饰性，这是明显区别于其他地方年画的特点。佛山木版年画是中国华南地区著名的民间年画，是岭南传统民俗文化的一朵奇葩，与天津杨柳青、苏州桃花坞、山东潍坊的年画齐名，同时佛山亦是中国四大木版年画生产基地之一。

■ 广东剪纸

广东剪纸

非遗级别：国家级
非遗类别：传统美术
公布时间：2006年（第一批）
流布区域：佛山市、汕头市、潮州市

“镂金作胜传荆俗，剪彩为人起晋风。”剪纸作为古老的民间艺术之一，是各种民俗活动的重要组成部分。广东剪纸多用于节俗庆典、婚丧嫁娶、拜神祭祖等民俗活动，主要由流传于佛山地区的佛山剪纸、流行于潮汕地区的潮阳剪纸和流传于潮州地区的潮州剪纸构成。

佛山剪纸手法上以凿、衬、印、手绘等技法为主，分为纯色剪纸、衬料剪纸、写料剪纸、铜凿剪纸四大类。佛山剪纸艺人操刀时以握毛笔法持之，垂直切割，线条连接而不断，成型如网状。喜庆吉祥、驱邪纳福、多子长寿等是佛山剪纸的经典主题。“阴阳剪”是潮阳剪纸最大的特点。“阳剪”纹线工整细致，“阴剪”线条粗犷有力。两者交替使用，以阳剪为主，配合使用阴剪。构图以对称为主，结构严谨，饱满而不杂乱。剪纸刀法精巧细腻，“花中套花”的布局最具特点，疏密有致，剔透玲珑。潮州剪纸涉及花果、走兽、人物、风景和文字图案等题材，有纯色、多色、阴刻、阳刻等多种类型。纯色剪纸充分发挥“剪”的特点，艺人们不画稿，仅凭记忆和想象，一手拿纸，一手运剪，直接将花样剪出。多色剪纸则用多种色纸分别剪出物象的各个部分，然后合并为一件完整的剪纸作品。

剪纸经千百年来的发展变化，出现了不同的派系，如南方派、江浙派、北方派，其艺术风格各有千秋，而广东剪纸是南方剪纸艺术的重要分支，具有线条柔和、构图精巧、视觉层次丰富的特点，以用材多样、品类繁杂、色彩华丽而著称。

■ 刻凿手法

行花街

非遗级别：国家级
非遗类别：民俗
公布时间：2021年（第五批）
流布区域：广州市

■ 春联

■ 年花

广州有“行过花街先过年”的说法，“行花街”即逛迎春花市。广州的迎春花市，又称年宵花市，是极具岭南特色的民俗景观。广州以花为市早在南宋时期就有记载，如今已成为广州年节不可缺少的组成部分。

广州的迎春花市一年举行一次，于腊月二十八开始，至年初一凌晨结束，地点为广州市的八大花街。广州的迎春花市在布局上有一定的规格，一般分为花牌楼、前段、中段和尾段几个部分，不同的部位出售不同的花种和物品。花廊中段一般摆放盆头，花廊的尾段主要摆放水族之花——金鱼和其他观赏鱼类。花市的花，按包装形式可分为枝头、盆头、散花（花脚）三大类，枝头主要有桃花、银柳花、吊钟花等，盆头有茶花、兰花、芍药、月桂、玫瑰等，散花主要有菊花、剑花、银柳、鸡冠花等。迎春花市与广州人的生活密切相关，融合了广州人“讲意头”的传统，形成自己独特的花卉语言，如金橘是最受欢迎的，因为粤语中“橘”和“吉”同音，象征大吉大利；桃花象征大展宏图（桃），青年人则希望能行桃花运，遇上合意的伴侣；水仙象征富贵吉祥等。

广州地处亚热带，日照时间长，雨量充沛，一年四季草水常绿，素有“花城”之誉。迎春花市已成为广州最亮丽的城市名片之一，花市的摊位也在不断发展，从本地年花、年橘到全球奇花异草，再向年宵品、工艺品、文创产品扩展，充分体现了岭南文化的兼容并蓄。

■ 行花街

陈村花会

非遗级别：省级
非遗类别：民俗
公布时间：2009年（第三批）
流布区域：佛山市顺德区陈村镇

“年三十晚，行花街，迎春花开满街排……阿爸笑，阿妈欢，人欢花靓乐开怀，呢朵兰花香，嗰朵桃花艳，千枝万枝拣唔晒。”这首童谣《行花街》唱出了家家户户年前逛花会的盛况。从14世纪起，陈村花卉商品化日渐发达，与“逛花街，迎春节”的习俗结合起来，形成声名远播的陈村花会，一直延续至今。

■ 市民购买年花

陈村花会多于春节前十天或一周内开始，一直持续到年三十晚上。在此之前，花市所在地就已经搭建好花农售花的棚架摊档等，花街伸展，摆成几条长廊，一些大枝的花木也早早搬来。待到花市正式开张时，花街上张灯结彩，看花、买花的人群川流不息、摩肩接踵。周边各地的群众把一盆盆年橘、年花或托在肩上，或放在车上，随着人流，缓缓而行。近年来，除桃花、金橘、水仙、菊花等一些传统品种外，兰花、百合、玫瑰、郁金香等也广受群众欢迎。大年三十晚上，花农们把余下的鲜花、年橘等降价出售，行花街的人们也可收获物美价廉的花卉，皆大欢喜。

陈村地处珠三角腹地，气候环境适宜花卉生产，花卉业已深入到每一户家庭，“户以花为业，村以花出名”，素有“千年花乡”“岭南花卉第一镇”的称誉，历史上是广东省四大名镇之一。1998年陈村花卉世界建立，作为国内最大的花卉种植基地和花卉交易市场，成功举办了第一、二、三届陈村花卉世界国际兰花展，首届中国全国牡丹展，首届中国兰花博览会等会展。

■ 九江煎堆制作工艺

九江煎堆制作工艺

非遗级别：省级
非遗类别：传统技艺
公布时间：2015年（第六批）
流布区域：佛山市南海区

“煎堆碌碌，金银满屋。”煎堆属于春饼的一种，对广东人来说，金黄色的煎堆象征着喜庆与财富，是过年必不可少的食品之一，为馈赠、款客和贺年祭祀祖先的常备用品。

九江煎堆制作原料包括糯米粉（生熟浆比例是7:3）、芝麻、花生油、清水，馅料则包括爆米花、糖饼、白砂糖、花生仁等。馅料的制作方法是先将苞谷放于容器，中间挖空，加入糖饼（切碎）、花生仁，然后将砂糖煮沸成糖浆，冷却后倒进容器与爆米花、花生仁、饼等充分拌匀，压实加盖，静置三到四小时，使爆米花黏稠变韧，揸成圆形，再放入扁圆的木印或扁圆形的铁碟里压成扁的九江煎堆馅。煎堆皮的制法则是将糯米粉、清水搅成糊状，为生浆；另做熟浆，即糯米粉、沸水拌成糊状。生、熟浆拌匀，浓度为滴珠状最佳，即可成脆皮浆皮。煎堆的炸法是把九江煎堆馅坯放入脆浆里，粘上浆，取出撒上芝麻和花生仁，即放进170度左右的油锅中炸，先炸有芝麻的一面，至淡黄色时，翻转炸另一面，约炸20分钟，炸至金黄色即成九江煎堆。

清光绪末年，南海九江乡人邹便南觉得圆圆的、硬硬的煎堆难以入口，于是潜心研制改进，将煎堆改为扁圆状，并改良配方和制作工艺，使煎堆酥化脆口。改良后的煎堆受到街坊邻里喜爱，并开始在民间普及制作。九江煎堆独具特色，是全国唯一一种扁的煎堆。九江煎堆流传至今，成为九江老字号的品牌产品，是送礼的好年货。

■ 色泽金黄，酥化脆口

梅县客家门神画

非遗级别：市级
非遗类别：传统美术
公布时间：2014年（第六批）
流布区域：梅州市梅县区

“门神画到脚，照壁有麒麟。”每年除夕贴年画，客家人谓之“贴门神”，是客家地区年俗活动的重要内容。“门神画”以它特有的“质感”和“美感”，既可增添节日气氛，同时也表达出人们祈求平安吉祥的愿望。

■ 梅县客家门神画

■ 梅县区迄今有据可考的最古老的门神画——蔡蒙吉故居门神画

梅县区客家门神画始于宋，兴盛于清，有手绘、木刻印制两种，画面线条简洁，色彩鲜明，气氛热烈。题材有神像、历史人物、戏曲故事等。梅县区的门神多采用彩绘、勾金勾银等表现技法；形式多为对开竖独幅；材质有木板、染色土纸；手工绘制制作工序包括创稿、定稿、过稿、彩绘、勾金、勾银、装裱、方纸等几十多道工序，今以手绘胶印为主。梅县区迄今有据可考的最古老的门神画，是松源镇金星村南宋著名爱国诗人蔡蒙吉故居的门神画，其也是国内较早的“门神”之一。此外，松源镇明代公王庙（三山国王庙）的门神画，其构图与蔡蒙吉故居的门神画一样，将整户门板画满不留余地。后来，梅县区客家门神画艺人在传统的基础上，博采众长，推陈出新，工农建设图、儿童欢乐图、彩绘福寿图和六畜兴旺图等各种题材层出不穷。改革开放初期，梅县区手绘门神画曾印制发行400多万份，深受民众喜爱，其内容包罗万象，形式丰富多彩。

梅县区客家门神画深嵌于客家文化的脉络之中，呈现出自发的审美意识，并具有教化功能，展现了当地的民俗风貌，不仅对研究客家历史文化、生产生活、信仰和风俗有参考价值，还具有收藏价值。

镇濠泥鸡制作技艺

非遗级别：市级
非遗类别：传统技艺
公布时间：2017年（第六批）
流布区域：江门市开平市

■ 镇濠泥鸡制作技艺

开平有首童谣名为《吹泥鸡》：“过新年，行花街，喊齐吹响个泥鸡。咯咯叫，喔喔啼，快乐童年玩猜谜……”《吹泥鸡》的创作正是取材于镇濠泥鸡。镇濠泥鸡的制作主要分布在开平水口镇联竹村委会的镇濠村、茂竹村，已有200多年历史。

泥鸡制作工艺精细，分为铸锡模、挖泥、捣泥、制鸡头泥模、制鸡尾泥模、制作鸡头、制作鸡尾等18道工序。制作泥鸡，要在年前挖泥，用木槌捣炼后，将硬度适中的泥巴放进锡模，压成鸡头、鸡尾两部分，晒干成坚固的毛坯备用。鸡头部分有一横膜，中有小孔，留来插哨。制作竹哨时，需要提前准备好小篱竹，将其裁成3厘米长短，在一头斜削一刀，然后插进一小块叶片，吹响即成。入冬时插哨，把竹哨插进鸡头横膜，再用牛皮纸糊上用糯米和粘米粉煮成的糨糊，把鸡头和鸡尾连接起来。最后，给泥鸡着色涂油，金黄的漆上衬托着翠绿、朱红二色，格外鲜亮喜人。制作成功的泥鸡栩栩如生，用手指盖实鸡头的小孔，双手分别抓住前后轻轻拉压，泥鸡便引颈啼唱。用右手拇指按住尾部小孔频频抖动，便会发出咯咯声。

以前每到农历年关，来自鹤山、台山、恩平、新会等地的商贩们便前来采购泥鸡，作为年货销售。泥鸡外形古朴，价格便宜，深受人们的喜爱。大年初一是鸡日，大量泥鸡上市，一时泥鸡啼声四起，既有寄平安之意，又有“好世界”的好兆头。如今，泥鸡“重出江湖”，作为具有深厚历史文化和侨乡特色的旅游纪念品及侨乡传统吉祥物，深受国内外游客的喜爱。

■ 泥鸡

伍

礼俗之喜

YACANG LINGNAN

雅藏岭南

斗门水上婚嫁习俗

非遗级别：国家级
非遗类别：民俗
公布时间：2008年（第二批）
流布区域：珠海市斗门区

花船悠悠，歌声回荡在水面之上，是斗门人对传统婚嫁的美好记忆。斗门水上婚嫁是珠海市斗门区白蕉、上横、斗门、乾务、井岸等乡镇的疍家居民传统婚嫁习俗。

斗门水乡人家嫁娶礼仪颇为讲究，传统上年轻人凭父母之命、媒妁之言而完婚，家长为孩子寻找生辰八字相合的姑娘定亲，称为“夹年生”，后自由恋爱盛行，年轻人多以对歌择偶恋爱。双方经过“拿茶叶”和“择日”等习俗商定好婚嫁事宜后，开始筹备婚礼。婚礼前一天晚上，新郎家里要举行“坐高堂”的仪式，由新郎进行“拜席”和“拜钱盒”，然后亲戚朋友们围坐一堂，唱起疍家传统的咸水歌，以示祝贺；而姑娘家则邀请与新娘一起长大的姐妹们，举行“叹家姐”仪式，她们歌咏历代祖先和父母家人，之后姐妹们为新娘唱别歌、送嫁歌。第二天早上，男方家要用船到女方家接新娘，迎亲的船路上不能停留，至新娘家门口也不可直接泊岸，须经新娘家锣鼓示意后方可停泊，新娘要由嫂子背出门，到埗头再由男方接亲的阿嫂迎上船。拜堂成亲后，新娘需向长辈敬“过堂茶”，其间须以唱咸水歌来应对长辈的刁难。其他的年轻人则可以趁吃“渡水饭”和“闹洞房”的时机，寻找自己的心上人。婚后第三天新娘回门，回门过后，婚礼才算全部完成。

■ 斗门水上婚嫁习俗

斗门水上婚嫁习俗在备婚宴、接新娘、拜高堂、会歌友等几个环节上，以船为交通工具，唱歌贯穿婚嫁活动的全过程，具有明显的水乡文化特征，对研究珠江三角洲地区的疍家文化具有十分重要的意义和价值。

瑶族婚俗

非遗级别：国家级
非遗类别：民俗
公布时间：2014年（第四批）
流布区域：清远市连南瑶族自治县

刘禹锡《莫瑶歌》中写道："莫瑶自生长，名字无符籍。市易杂鲛人，婚姻通木客。"排瑶是瑶族的支系之一，在连南地区结寨定居已有上千年历史。排瑶实行一夫一妻的婚姻制度，严格限制近亲结婚，其婚俗别有一番情趣。

■ 送嫁队伍

■ 宴请亲朋好友

排瑶婚姻或父母包办，或自由恋爱，男青年可通过唱歌向心仪姑娘表达爱意，瑶语称“讴莎腰”，情投意合的男女便互赠信物。男方可请媒人向女方求婚，订婚之日准备肉、酒、油豆腐、鸡等送给女家，并宴请舅父叔伯等内亲。订婚之后，由“先生公”择定认亲之日，征得女方同意后，以白银三两六钱、猪肉、米酒、油豆腐等做认亲礼物，双方各宴请亲朋好友，婚事自此不得反悔。婚期多选在农历十月十六到腊月二十八期间。结婚之前，待嫁姑娘要在家绣花衣、花裙、花头帕，并准备嫁妆等。婚期前一天晚上，新郎需携带礼品到姑娘家，新娘炒黄豆、泡浓茶款待，送别新郎后，新娘邀请姐妹、过去的男朋友吃炒黄豆、唱分离歌直到天亮。婚礼当天，祭祀祖先后，新娘由新郎舅舅领出家门，媒人竹担挑着一只公鸡引路，途中遇桥，须由新郎背起新娘通过；到达男家村口时，有歌手拦路对歌，几番轮回后，送嫁队伍才能进入山寨。“先生公”在男家门口为新娘举行驱邪仪式后，方可进入厅堂，新娘须给祖先敬香后才能介绍给家中长辈亲人。新婚需连摆三天婚宴，新郎新娘不得同房，分别由伴郎、伴娘陪睡，待第三朝“回面”后，才能开始正常夫妻生活。

连南是中国乃至世界唯一的排瑶聚居地。排瑶没有自己的文字，却有独具特色的民俗文化。八排瑶族婚俗是当地瑶胞在漫长历史进程中形成发展的独特民俗，充分体现了八排瑶族的民族文化和生活习俗。

疍家渔民婚俗

非遗级别：省级
非遗类别：民俗
公布时间：2007年（第二批）
流布区域：阳江市江城区闸坡镇

“一拜天地感天恩，红烛一双影信任。花好月圆开富贵，夫唱妇随百岁齐……”这是疍家婚俗中新娘所唱的咸水歌。阳江疍家始于东晋时期，至今已有1600多年。疍家婚俗从定情到花船迎亲到对歌再到归程，都在水上进行。

■ 疍家渔民婚俗

■ 送嫁婚船

疍家青年男女到了谈婚论嫁的年纪，要请媒婆为其说媒。经媒婆说合并征得双方父母同意后，要向祖先请示这桩婚事是否吉利，然后才请算命先生选择结婚的吉日良辰。婚礼当天，凌晨三点钟夫家就要开船迎亲。“夜嫁”是疍家渔民婚俗的一个重要特征，疍家人由于社会地位低下，惧怕权贵抢走新娘，也忌讳旁人讲不吉利的话，所以一般选择凌晨两点至四点这段时间接新娘。夫家在事先装饰好的礼船上以竹篮装载食品和财物，四对父母健在且已生儿育女的男女随新郎同行。至新娘家渡口附近，女方家人已在船上等候，接新娘过船时，按照传统礼仪，女方船不能占男方船的大首位。新娘下礼船后，唱咸水歌表达对父母姐妹的留恋。新人拜堂之前，要举行“冲花园”仪式，请法师为新人消灾避邪、祈福纳祥。疍家渔民新婚的酒宴也是在渔船上摆的，酒宴之前，年轻人凑在一起对唱咸水歌。婚后第三天，新娘要回娘家洗髻，这代表疍家渔民婚俗的结束。

阳江市地处粤西南沿海地区，气候条件优越，海产资源丰富，自古以来就是疍家渔民的聚居地。至今海陵岛闸坡镇、阳东东平镇、阳西沙扒镇、阳春内河等地区的水上居民，仍然保留着传统的疍家渔民婚俗礼俗，充满了水乡文化气息。

连山壮族婚礼

非遗级别：市级
非遗类别：民俗
公布时间：2015年（第五批）
流布区域：清远市连山壮族瑶族自治县

开眉、吃长久饭、封典印……这是连山壮族瑶族自治县的壮瑶婚俗仪式。在一系列的特定仪式后，新人在天地、父母、亲朋好友的见证下喜结连理。古老、纯朴、独特是这场壮瑶婚礼的真实写照。

传统的壮族婚礼程序主要分为订婚、嫁娶、回门等仪式，婚礼程序中又有独特多样的仪式细节。在婚礼当天，新娘出嫁要穿黑衣裤黑布鞋，以示正统和喜庆，并在已婚壮族姑嫂的帮助下，把刘海往后梳成发髻，再用红丝绳扎起来插上簪子，完成“开眉”仪式。装扮结束后，新娘要在自己家里和同辈的兄弟姐妹九人吃“长久饭”，寓意兄弟姐妹之间的感情长长久久，也代表着家里同辈对新娘的祝福。新郎则组织长长

■ 新娘的“黑色嫁衣”和新郎的“瑶族礼服”

■ 新郎新娘与父母拜别

的迎亲队伍，与媒人、八音队、抬礼杠的男男女女一同往新娘家去。新人拜别父母、敬茶回礼后，新娘在送亲娘的陪伴下撑黑布伞离开家门。出门时在门槛连踏三下再正式出门，这个动作叫“封典印”，即扫除脚印，意为一心一意嫁出去，不走回头路。接着，新娘与新郎到厅堂“拜堂”。行完拜堂礼后，新娘要进行“汲新水”仪式。新娘在井边插香烛放纸钱，向水源处行屈膝礼，然后往井里丢下两枚硬币，意为祭水和买水。回家后用汲来的新水给夫家长辈煮茶，为贺喜的客人熬粥，以示与夫家人同甘共苦、情谊长存。

作为全国唯一的壮族瑶族自治县，连山壮瑶风情独特，在其生产生活过程中创造出丰富多彩的民族文化。壮族婚俗仪式融合了壮、瑶两族民俗文化，彰显连山壮族别具特色的历史文化底蕴。

■ 连山壮族婚礼

礼饼制作技艺

非遗级别：市级
非遗类别：传统技艺
公布时间：2019年（第七批）
流布区域：佛山市顺德区

■ 礼饼

“无礼饼就不上轿。”广府向来有嫁女派礼饼的习俗，由男家在“过大礼”时送礼饼至女家，并向亲朋好友派发，传达出嫁喜讯。礼饼的品质、数量一定程度代表男方对女方的重视程度及其财力的大小。

礼饼别称“绫酥”，“绫”字取于贵族四款华贵衣料“绫罗绸缎”中的绫，寓意荣华。礼饼多采取手工制作，主要包括选料、开皮、开酥、包馅、烘焙等工序。保留传统品种的同时，亦力求杜绝色素，追求健康天然。一是选料。选取优质材料，如榄仁、杏仁、松子、花生、椰丝、芝麻、糖冬瓜、熟糯米粉、砂糖。二是开皮。饼皮由两部分组成，一为水油皮，以猪油、水、高筋面粉，以劲力搓至起筋，取其韧性；一为油心，以猪油、低筋面粉，不加水搓，取其酥松。三是开酥。

以水油皮包裹油心后，推压到一定长度，再层叠，形成饼皮。饼皮由水油皮、油心交叠组成，可达20—30层之多。四是包馅和上色。以饼皮包裹馅料，再用蛋黄涂抹表层，使饼皮烘焙后形成金黄色。最后烘焙约20分钟，色香味美的礼饼便制成了。

礼饼因馅料不同，分黄、白、红、橙四色。黄色以蛋黄或豆蓉做馅，喻义富贵；白色以砂糖或五仁做馅，喻义忠贞纯洁；红色以莲蓉或冬蓉做馅，喻义喜庆吉祥；橙色以豆沙或椰丝做馅，喻义夫妻生活和谐美满。礼饼因其具有的特殊意义，成为岭南人婚嫁时行“纳征”礼（向亲友宣告婚嫁喜讯）的必备礼品之一。

■ 不同的馅料有其独特寓意

喜迎新丁

东莞千角灯

非遗级别：国家级
非遗类别：传统美术
公布时间：2006年（第一批）
流布区域：东莞市

十年磨一灯，千角映华章。东莞千角灯，作为广东东莞民间工艺的瑰宝，以其独特的工艺和深厚的文化底蕴，成为东莞乃至岭南地区的一大文化符号。相传，千角灯起源于宋帝皇族后裔的东莞赵家，元初时，赵家每逢十年便会扎制一次千角灯，以示庆祝和祈福，至今已有数百年的历史。

千角灯的装饰，是其最为独特和引人注目之处。灯带共24条，每条都绣有花卉、人物或其他吉祥图案。该灯为纸扎工艺，一定要有一千个角，整个灯分为灯顶、灯柱、灯体、灯带、灯盏五部分。灯顶部分是用铁丝扎作八条立体彩龙的骨架和圆形的大宝顶，灯体部分则主要由三角形和四方型的立体结构拼接而成。灯顶八大角上有八条立体呈腾飞状态的彩龙，八角中每个角有三条灯带垂下。灯带从上往下分为八格，每一格双面都绘有山水、花卉、人物等图画。

在东莞方言里，“角”和“个”同音，“灯”和“丁”同音，取“千角千灯人丁兴旺，千花本同树，千角本同根”的寓意。在东莞，每当有新生命降临，千角灯便被赋予了“喜迎新丁”的特殊意义。在过去，新丁每逢满月、周岁等重要时刻，家人便会点亮千角灯，祈求新丁健康成长、平安幸福。

■ 东莞千角灯

忠信花灯

非遗级别：国家级
非遗类别：传统美术
公布时间：2011年（第三批）
流布区域：河源市连平县

放灯绳、买灯、迎灯、上灯、暖灯、化灯，这是忠信吊花灯的六个环节。忠信吊灯习俗是河源市连平县东南部忠信、油溪、高莞等6个乡镇的客家人以祭祖、添丁为内容的传统赏灯活动。

放灯绳在农历腊月二十五“入年界”至除夕间进行，新添丁人家要在祖祠梁木上挂一条灯绳，末端以红纸写新丁名字，并系于祠堂柱子上。年初九新年的首个墟市称“开年街”，以卖忠信花灯为主，当日，添丁人家要挑选一个花灯以表达对子嗣的期望，如“状元灯”代表金榜题名。迎灯于正月初九至十二举行，具体时间视新丁生辰八字而定，花灯需由外家送至宗祠门口，由一多子多福老翁为迎灯人，将灯迎入祠堂，交由添丁人家悬挂梁上。上灯为忠信吊灯习俗中最重要的仪式环节，由族长主持祭祖后，添丁人家将花灯拉升至祠堂梁下，即升灯。升灯时，鞭炮声与锣鼓八音演奏交相辉映，气氛热烈。花灯中要系柏叶、百眼芋头、葱和蒜、手巾等物，以求新丁聪明健康、多子多福。经过上灯的新丁，便可将其录入家族族谱，谓之“上丁”。上灯仪式过后，添丁人家每晚要为花灯添灯油“暖灯”，直到正月二十或二月初二举行化灯仪式为止。化灯即将花灯与吉祥草一同焚化，并用竹把将火苗带回家中，为“传灯火”，化灯仪式意味着一年挂灯的结束。

忠信花灯将当地客家人元宵挂灯习俗与祭祖仪式结合，借客家话中“灯”与“丁”谐音，祈求家族人丁兴旺、香火延续，寄托了当地人对于香火传承的祈盼，并且承载着当地历史文化记忆和民间传统祭祀礼仪规范。

■ 忠信花灯

■ 榕城破门楼郑翁仔灯习俗

榕城破门楼郑翁仔灯习俗

非遗级别：省级
非遗类别：民俗
公布时间：2015年（第六批）
流布区域：揭阳市榕城区

“行兴行灵精，行到破门楼郑看翁仔灯。”破门楼郑翁仔灯习俗由揭东棉洋郑氏花灯衍化而来。清康熙年间，棉洋郑氏十三世祖郑文信创破门楼郑氏，并延续家族先例，每年生育男孩的家庭于次岁正月十一至十五元宵夜在族内大厅摆设泥塑戏出人物一屏，以祈财丁兴旺。

每年农历九月，榕城破门楼郑氏便组织人员到潮州浮洋采购泥塑戏出和“翁仔屏”（即大白弟）。正月初五开始在族内搭置竹棚，并在中、后厅设置通花雕木灯橱十四个。橱内分三层，上层列“功名财子寿”屏；中层正中摆设的“翁仔屏”，有添丁之意；余则罗列泥塑戏出若干，多为家喻户晓的“海瑞打严嵩”“姜太公遇文王”“京城会”“仙姬送子”等古装戏出，还有富有生活情趣的“饮茶”“下棋”等内容。过去点的是蜡烛、煤气灯，现在除点蜡烛外，还亮起五光十色的彩灯、花灯、宫灯，场面宏大、气势恢宏。农历正月十一子时准时兴灯，连续五天五夜向外人开放，正月十五亥时由族内长辈“做四句”准时熄灯。凡是前来观赏“翁仔灯”并添油索取“翁仔屏”的人，都会在心中暗祈吉祥福祉，新婚或未产育男孩的青年男女希求“抱白弟，生阿弟”，做生意的人则盼望“财神到，发大财”。

■ 泥塑戏出人偶

破门楼位于揭阳市榕城区进贤门北侧，建于明洪武年间，因地处南，八卦中为离位，属火，故中厅不盖顶，并由此而得名。榕城破门楼郑翁仔灯是揭阳一项独特的民俗文化活动，已经成为当地群众庆新年、闹元宵的文化大餐，被誉为潮汕民俗文化的瑰宝。

悦城龙母诞

非遗级别：国家级

非遗类别：民俗

公布时间：2011年（第三批）

流布区域：肇庆市德庆县

■ 悦城龙母诞

“五月八日粤人歌，悦城水上花婆娑。”悦城龙母诞庙会源自德庆先民对远古西江水神龙母的原始崇拜，主要活动时间集中在每年的龙母生辰诞（农历五月初一至初八）和得道诞（农历八月初一至初八）。

龙母诞期“贺诞”活动古已有之，发展至当代，龙母诞庙会活动具体可分为庙方（官方）主持的祭祀仪式和民间群众的祭祀活动两部分，包括万民朝圣贺诞、龙母沐浴、龙母更衣、慈龙孝子祭母、济物放生教化等内容。在长期的历史发展中，龙母诞庙会活动还形成了舞龙狮助兴和演戏娱神、抢花炮等民俗活动，以及摸龙床、饮圣水、服香灰、吃金猪、盖龙母金印、请“龙母运程香”、戴龙母符、捐香油款等圣迹崇拜，吃粽子和龙船糕等饮食习俗和不食鲤、爱青龙等禁忌习惯。龙母诞期间，前来参神“贺诞”的乡民人数众多。从初一至初十，来自西江上游百色、龙州等地的“贺诞团”先后集结到悦城河段前面排成长5里、宽240余丈的船队，和陆上连成一片。渡船上“八音班”奏鼓乐，数里可闻。往来穿梭于西江大河的客货船，都供奉有龙母的神像，船行至距离龙母祖庙三四里远的河面时，船工便鸣笛或击鼓鸣金，燃爆竹，烧香点烛，向龙母祖庙致祷。

西江是珠江水系中最长的河流，顺流东下可直达港澳，溯江而上可到云贵。古代，西江流域水患频发。据记载，自宋太宗到清光绪年间，德庆悦城地区就发生过70多次大水灾，独具岭南特色的龙母文化由此应运而生。龙母不单是德庆人民的信仰，也是珠三角乃至海外华人地区的重要精神信仰之一。

■ 在龙母庙内做祭祀准备

冼夫人信俗

非遗级别：国家级
非遗类别：民俗
公布时间：2014年（第四批）
流布区域：茂名市

“昔闻木兰女，忠孝两不渝。岂及冼夫人，名高绩尤殊。”冼夫人是岭南地区杰出的政治领袖，一生致力于维护国家统一，保障岭南地区安定。十一月二十四日为冼夫人诞辰，正日及前后数日，城乡寺庙都会对冼夫人进行祭奠。

冼夫人信俗以崇奉和颂扬冼夫人爱国、爱民、立德的精神为核心，以冼太庙为主要活动场所，以庙会祭祀仪式、日常信仰习俗和传说故事等为主要表现形式。冼夫人信俗的祭祀仪式分为官方祭祀和民间祭祀两种，其中官方祭祀规格固定，仪式繁杂。民间祭祀以各地冼太庙举行的庙会祭祀活动为主，如高州冼太庙和旧城冼太庙的“冼太诞庆典”、电白的“冼夫人诞辰节”、高州火神庙的“摆醮”、水上社的“太平醮”等，

■ 冼太夫人庙

■ 冼夫人雕像

■ 游神

而在茂名城乡广泛流传的“年例”游神中，冼夫人更是不可或缺的神祇。每逢初一、十五，高州旧城冼太庙中都有妇女轮值念经，所念经文有《冼太经》《冼太新经文》《地母经》《六祖坛经》《慈佑夫人真经序》等，这是民间纪念冼夫人最为独特的活动，各地群众也多会聚到冼太庙祭拜冼夫人，祈求保佑。当地民间也多有与冼夫人信仰相关的习俗，如小孩满月时，父母抱到冼太庙“拜冼太”，并给小孩取如太恩、太保等带有“太”字的乳名，以求冼太夫人保佑；夫妻不和也会到冼太庙中拜祭冼夫人和冯宝，祈求夫妻恩爱，民间称其为“和合神”。

从历代民众为冼夫人立庙，到形成以冼夫人信仰为载体的祭祀庆典，冼夫人信俗已经成为一种融政治思想、历史文化、民间信仰与习俗为一体的独特文化体系。

贵屿双忠信俗

非遗级别：国家级
非遗类别：民俗
公布时间：2014年（第四批）
流布区域：汕头市潮阳区

在广东省汕头市潮阳区贵屿镇，每年农历二月，当地居民都会举行一连三日的双忠信俗活动。贵屿双忠信俗，是潮汕地区一项历史悠久的民俗活动。它起源于明嘉靖年间，由贵山进士陈江、陈洸所倡办，最初模仿苏州庙会的形式举办书画展览，后逐渐与当地纪念“双忠公”的民俗活动相结合，形成了独具特色的贵屿“街路棚”文化活动。目前，活动主要由镇内华美、南安、佳安、北林、玉窖、后望、新厝等村主办，其影响遍及潮汕地区。这一活动不仅体现了潮汕人民对忠义精神的尊崇，也成为当地社会文化生活的重要组成部分。

贵屿双忠信俗的主要内容包括广场式书画作品展示和游艺活动。每年农历二月，贵屿镇的街路棚理事会便会组织在商街上统一搭建木棚，配以古今楹联，并制作规格统一的木框以悬挂书画艺术品。展示的艺术作品既有过去潮汕地区反映儒家思想和农耕生活的书画作品和楹联，也有如今各种文人书画和民间艺术作品，还有涉及生活方方面面的专题摄影，以及货币、邮票、纪念章等收藏品，数以千计。与此同时，贵屿街路棚开放期间，当地还组织潮剧、男女英歌舞、大小锣鼓队、笛套音乐队、标旗等各种民间艺术游艺活动，每届参加的民间艺人达8000人，参观群众更可达20万人次。这些活动不仅丰富了当地居民的文化生活，也吸引了众多外地游客前来观赏，成为潮汕地区一大文化盛事。

贵屿双忠信俗以忠、义为本，以文化、道德为核心，其主题鲜明，集知识性、艺术性、趣味性与思想性于民俗活动之中。这一活动不仅成为当地居民表达对“双忠公”崇

■ 街路棚

敬之情的重要方式，也成为传承和弘扬潮汕优秀传统文化的重要载体。通过举行祭礼、展示书画、组织游艺等活动，贵屿双忠信俗将传统文化与现代生活相结合，既满足了人们对精神文化的需求，也促进了社会的和谐稳定。

七月三十装路香

非遗级别：省级
非遗类别：民俗
公布时间：2012年（第四批）
流布区域：珠海市斗门区

■ 舞火龙活动

“细佬仔，小儿童，七月三十舞火龙，希望神灵多保佑，太平盛世乐无穷。”这是斗门区群众舞火龙过程中，孩子们所唱的童谣。七月三十装路香是珠海市斗门区群众祭祀佛教地藏王菩萨的传统民俗活动，至今已有300余年历史。

农历七月三十日是地藏王菩萨成道日。当日傍晚，当地村民在自家房屋四周及门前小路上安放自制的香墩，每个香墩间隔1尺，上插三支香，沿路至禾塘和村社等地，然后各家进行祭拜仪式，寓意五谷丰登、一路兴旺、人寿年丰、国泰民安。祭祀之后，全村成员在村街集中，在特制的龙身上插满点燃的香枝。在锣鼓声中，一人舞动龙珠、一人舞动龙头，之后上百人手持龙身和龙尾，沿着村街舞动前行。负责舞龙头的人还适时做出躬拜地面的动作，寓意向地藏王菩萨鞠躬行礼。香枝和火龙均为当地人家自制，香枝以粉丹竹、广宁竹的竹枝经裁截、破削香骨、蘸染香脚、搓粘香肉、晾晒而制成；香墩多用蕉树头或番薯、芋头、南瓜、萝卜、冬瓜等切成，或用黏土捏制而成；火龙的头尾用铁丝塑形，龙珠由整个南瓜充当，龙身分由各家自行准备，多用蕉梗并排而成，方便插香枝。为祈求地藏王恩赐红运福气，村中家家户户都制作一段或几段龙身架参与舞火龙活动。

地藏王菩萨与观世音菩萨、文殊菩萨、普贤菩萨合称佛教四大菩萨，被尊称为“大愿地藏王菩萨”。七月三十装路香舞火龙这一民间传统习俗体现出斗门各地农村人民的淳朴和对美好生活的祈愿，彰显人们对地藏王的敬仰和期盼。

南沙妈祖信俗

非遗级别：省级
非遗类别：民俗
公布时间：2013年（第五批）
流布区域：广州市南沙区

俗话说："有华人的地方就有妈祖。"妈祖又称天后，宋代福建莆田湄洲岛望族林愿之女，因生前与民为善，救困扶危，深受沿海渔民尊重，死后被奉为海上女神，立庙祭祀。自宋代始，妈祖信仰就开始随闽人入粤，沿海地区及海岛陆续兴建了天后宫或妈祖神祠。

■ 南沙天后宫

■ 妈祖石雕像

南沙妈祖信俗包括妈祖传说、日常祭祀和神诞祭祀等内容。日常祭祀是指渔民出海或者遇到天旱、洪涝及其他重大事项时，多到天后宫中祭祀祈祷。神诞祭祀于每年农历三月二十三妈祖神诞日举办，南沙当地的祭祀活动一般从农历三月二十二开始，一直持续到二十五日，这是南沙妈祖信俗中的核心内容。南沙的妈祖神诞祭祀包括炷夜香、贺诞和祭祀仪式，民间还要连续三四天做大戏。炷夜香是指南沙“溜阴妹”（未婚女郎）在妈祖神诞前夜到天后宫中上香直至凌晨，以祈求合家平安、如意吉祥。贺诞是人们以金猪、烧肉、鸡和各色果品等到天后宫中参拜祝贺妈祖神诞，正诞期间除了南沙当地人外，还有来自周边南海、东莞、顺德及港澳等地人士前来贺诞。南沙妈祖神诞祭祀仪式保留了祭祀祈福、祭祀乐舞、妈祖巡游、妈祖贡香等传统仪式。

近年来，随着南沙区的经济发展和对外交流的日益加强，当地民众每年都举办大型妈祖信俗文化活动，把传统妈祖信俗与大型传统民俗文化展示活动相结合，南沙妈祖信俗成为当地人民日常生活的重要内容，也成为沟通国内多地妈祖信众的重要桥梁。

■ 顺德观音信俗主要活动之一——观音开库

观音信俗

非遗级别：省级
非遗类别：民俗
公布时间：2013年（第五批）
流布区域：佛山市顺德区

“正月廿六，观音开库。”传说正月二十六日是观音每年查点钱库的日子，子时会大开金库贷款助民。顺德人信奉观音，宋时便有容桂观音堂、龙江紫云阁等祀奉观音的庙宇。当地的观音信俗是指每年农历正月廿五日晚至廿六日凌晨，由借库、还库、烧大炮、生菜会等组成的大型民间信俗活动。

顺德的观音信俗活动场所主要有三个。容桂白莲公园观音堂以向观音借库还库的祈拜为主，每年观音开库的正日，民众便到观音堂中祈祷借库，祈求财运亨通；翌年，则应先进行还库，即返还去年借库的本金及利息等，之后才可以再进行借库。烧大炮是龙江、龙山等地观音信俗的重要环节，当地各个自然村分别组建花炮会，经过竞投花炮、舞狮采青、参拜观音、拜神作福、烧大炮、竞投吉祥物等一整套仪式，祈求来年万事大顺。生菜会以勒流连杜村为主，当地以生菜包为主要菜式来宴请乡亲朋友。生菜会中每一个菜式都代表美好的祈愿，祈求来年丁财两旺。生菜包以蚬肉、生菜、韭菜为主要原料，分别取“发财蚬肉”“生财有路”和“长长久久”之意。此外，观音开库日还有吃烧猪、以香烛拜神、转风车、打边炉等民俗活动。

观音作为救苦救难的化身，在岭南地区有着庞大的信仰群体。借库还库、烧大炮、生菜会，虽形式不一，但求财、祈福、许愿等主题在观音信俗活动中体现得淋漓尽致，是岭南春节尾声的一次狂欢。每年正月期间，来参与顺德各个观音信俗活动的群众达数十万人次，影响遍及周边地区，并扩展到港澳、东南亚等地。

■ 顺德观音信俗主要活动之一——勒流连杜生菜会

盘古王诞

非遗级别：省级
非遗类别：民俗
公布时间：2015年（第六批）
流布区域：广州市花都区

■ 盘古王诞

“天地混沌如鸡子，盘古生其中。万八千岁，天地开辟，阳清为天，阴浊为地。”盘古王诞是广州市花都区群众祭祀盘古王的传统民俗活动，诞庆活动时间为农历八月十二至八月十五，持续四天四夜。

八月十二日零时，乡民们从四面八方赶来盘古王庙争上“头炷香”，轮流到神坛前拜祭许愿后，手持风车围绕盘古王神像转圈，然后登盘古王山转运，并可在山腰龙口泉取水回家饮用。狮岭周边各醒狮队在各村祠堂内拜祭祖先后，敲锣打鼓，舞着醒狮到盘古王庙祭拜。狮队上山途中，有年长的女祭司手持松柏枝引路，后有四位壮汉抬着烧猪紧随，当地传说盘古王爱吃烧猪。拜祭后，村民们将烧猪抬回祠堂，举行盛宴，共同分享。八月十五日，各村进行抢花炮。一声炮响，一个带有铁圈的花炮冲向半空，人们竞相追逐。哪个村的人捡到了铁圈，供奉在村祠堂，盘古王便会庇佑全村丁财两旺、人畜平安、万事如意。为了防止花炮被旁人抢去，获得者要迅速将其传递给同村人，如接力棒一样传到盘古王庙内禀告盘古王。铁圈一到神坛，他人便无权再抢，抢花炮就此结束。凡抢到花炮的村庄，翌年要制作一个新的花炮，把铁圈放入其中，于农历八月十二日敲锣打鼓、舞着狮子送回盘古庙供当年使用。

花都的盘古王诞融合了汉族和瑶族人民对盘古的崇拜之情，并且花都是古时“南海盘古国”的遗址所在。清嘉庆年间，花都人邱毛松在狮岭炉山发现“初开天地盘古大王圣帝神位”神碑，据此建盘古王庙，后将发现神碑的农历八月十二日定为盘古王诞日。

■ 诞庆活动

陆

歌舞之乐

YACANG LINGNAN

雅藏岭南

丝竹和鸣

广东音乐

非遗级别：国家级
非遗类别：传统音乐
公布时间：2006年（第一批）
流布区域：广州市、台山市

广东音乐

■ 民间乐队

■ 筝乐

广东音乐是流行于以广州为中心的珠江三角洲广府方言区的传统丝竹乐种，是岭南地区特有的音乐形式。自明清以来，广东音乐经历了萌发期、发展期和成熟期等阶段，至今已有400余年的历史。作为岭南民间传统文化的瑰宝，广东音乐以其轻、柔、华、细、浓的特点和清新流畅、悠扬动听的风格而深受民众喜爱，影响遍及世界各地，与粤剧、岭南画派并称为“岭南三大艺术瑰宝”。

广东音乐的前身主要是粤剧过场音乐和烘托表演用的小曲，约在20世纪初期发展成为独立演奏的器乐曲。在长期的创作表演实践中，它开放性地吸收了外来音乐及国内其他民间艺术的有益成分，从而形成了独特的民间音乐品种。广东音乐的乐器组合多样，最典型的是二十世纪二三十年代的“五架头”（即二弦、提琴、三弦、月琴、横箫，又称“硬弓组合”）和“三架头”（粤胡、扬琴、秦琴），各种丝竹乐器配合默契，相得益彰，全面展示了岭南丝竹音乐的精微和华美。其代表性曲目众多，如《雨打芭蕉》《旱天雷》《双生恨》《三宝佛》《步步高》《平湖秋月》《娱乐升平》《赛龙夺锦》等，每一首都以其独特的旋律和情感，展现了岭南音乐的魅力。

在广东音乐的演奏中，各种丝竹乐器的和谐共鸣，是岭南人民和谐共处的生活写照。在海外，凡有华人的地方就有广东音乐。广东音乐也是海外华人与祖国家乡之间的情感纽带，为海外华人传承优秀中国文化传统作出了不小的贡献。

潮州音乐

非遗级别：国家级
非遗类别：传统音乐
公布时间：2006年（第一批）
流布区域：潮州市、汕头市

“丝竹声声入耳来，潮音古韵传四方。”潮州音乐，以其独特的韵味和演奏技巧，成为岭南音乐文化的重要组成部分。它流行于潮州、汕头等地，影响辐射闽南、上海、台湾、香港、澳门和东南亚地区以及世界各个潮人聚居的地方。它不仅是潮州人民文化生活的重要内容，也是海外潮人传承中华优秀文化的重要载体。

潮州音乐历史悠久，源远流长。它发源于宋，成熟于明清，至今已有千余年的历史。潮州音乐是在当地民歌、歌舞、小调的基础上产生的，并吸收了弋阳腔、昆腔、秦腔、汉调、道调和法曲等多元音乐素材，形成了独具特色的音乐风格。它既能表现小桥流水的旨趣，又能演绎气壮山河的史诗，是中国传统民族音乐的瑰宝。其品种繁多，大致可分为广场乐和室内乐两大类：广场乐包括潮州大锣鼓、外江锣鼓乐、潮州小锣鼓、潮州花音锣鼓、潮州八音锣鼓等；室内乐则包括笛套古乐、潮州弦诗乐、潮州细乐、潮州庙堂音乐等。潮州音乐的演奏乐器约有二十余种，其中最具特色的是二弦、唢呐、深波等。其代表性乐曲有《春满渔港》《欢庆胜利》《喜送丰收粮》《关公过五关》《抛网捕鱼》等。

潮州音乐的重要内容之一是潮阳笛套音乐。南宋末年，宋室宫廷乐宦吴丙随师抵潮，宋亡后，吴丙定居潮阳棉城，宫廷音乐的种子播撒于潮阳大地。经过历代乐工的充实和发展后，具有浓郁地方特色的潮阳笛套音乐形成了。其品类可分为笛套音乐和笛套锣鼓。它以笛、管、笙、箫为主奏乐器，有机地配以三弦、琵琶、古筝和其他弦乐、弹拨乐等。就其个性而言，潮阳笛套音乐从大笛吹奏的方法到奏出的音色均有别于其他地

■ 潮州音乐

方，构成潮阳笛套音乐地方特色的一个重要因素——“潮阳味”。在吹奏方法上，潮阳笛套音乐是传统的（宫廷式）“龙头凤尾指”，领奏乐器的大笛（横笛）是28节大锣鼓笛。

潮州音乐旋律优美，演奏技巧精湛，给人以美的享受。作为岭南音乐文化三大乐种之一，它也是中国传统民族音乐文化的重要组成部分。它以音乐的形式，展现了潮州人民的生活状态和文化风貌，是潮州文化的重要载体。

广东汉乐

非遗级别：国家级
非遗类别：传统音乐
公布时间：2006年（第一批）
流布区域：梅州市大埔县

自4世纪开始，汉族就发生过多次大规模南迁，先民迁徙到粤东、闽西、赣南等地定居，被当地人称为“客家”。客家人不仅带来了异乡习俗，还带来了《中州古调》等中原古汉乐乐谱，与客居地的民间音乐、庙堂音乐等乐种融合，形成具有岭南地方特色的音乐流派——广东汉乐。

广东汉乐主要分布在广东梅州、汕头、韶关、惠阳等地区，又以梅州市大埔县为代表，旧称客家音乐、儒家乐、外江弦、汉调音乐等。按照演奏形式、演奏习惯及用途，可以将广东汉乐分成五个类别：丝弦乐、清乐、汉乐大锣鼓、中军班音乐和庙堂音乐。丝弦乐是广东汉乐中最普及、最大众化的演奏形式，以头弦或提胡领奏，配以扬琴、三弦等乐器；清乐追求高雅的演奏形式，乐器较少，主要有古筝、琵琶等；汉乐大锣鼓主要应用于客家传统节日，以唢呐主奏，辅以打击乐器；中军班音乐主要用于婚丧喜庆活动，以唢呐为主奏乐器；庙堂音乐则是举行宗教法事时演奏的吹打音乐。广东汉乐的曲目非常丰富，已整理出版的曲目集共有曲目612首，代表曲目有丝弦曲《单点尾》《玉山坡》，唢呐曲《粉叠》《普天乐》，庙堂音乐《一封书》《水底鱼》等。这些曲目不仅旋律优美，而且蕴含着深厚的文化内涵和地方特色。

广东汉乐内容丰富，雅俗并重，体系完整，具有十分重要的研究价值。同时，作为汉民族客家民系的音乐，它是一种移民文化，是中原文化的“边沿储存”，具有深

■ 广东汉乐

厚的民族文化底蕴和非常珍贵的历史价值。广东汉乐的丝竹之声不仅承载着古往今来客家人儒雅纯朴、重乡恋家的社群传统，也展现出中华民族独特的艺术风貌。

梅州客家山歌

非遗级别：国家级
非遗类别：传统音乐
公布时间：2006年（第一批）
流布区域：梅州市

山歌好比春江水，流进心田润无声。梅州客家山歌，这一流传于广东省东北部客家地区的传统音乐形式，是中原文化与梅州土著文化融合的产物。它用客家方言演唱，歌词诗味浓郁，旋律高扬绵长，是客家文化的重要组成部分，也是民间音乐、民间文学的瑰宝。

梅州客家山歌，如同一条源远流长的河流，承载着客家人的文化记忆和生活情感，随着客家民系的形成而传播繁衍，成为客家人生活中不可或缺的一部分。梅州客家山歌的腔调有近百种，音调高扬绵长，平稳流畅，起伏不大；音区较高，音域较窄；级进较多，跳进较少；节奏自由，节拍多样，常有多种节拍混合而歌。它的歌词内容丰富多样，包括劳动歌、时政歌、仪式歌、礼俗歌、情歌和其他生活歌、儿歌等，其中以情歌的数量最多，内容最精彩，文学价值也最高。它的演唱形式也很多样，既有独唱，也有对唱，还有合唱。演唱者多为农民、工人等普通劳动者，他们用山歌表达对生活的热爱、对自然的敬畏。山歌的演唱场合也多种多样，无论是在劳作之余，还是在节日庆典，总能听到客家山歌那动听的旋律。梅州客家山歌的代表作品有《送人离别水东西》《桃花开来李花开》《噢嗨》《有好山歌溜等来》《客家山歌特出名》等。

■ 梅州客家山歌

梅州客家山歌，展现了客家人的文化风貌和生活状态，是客家文化的重要载体。然而，随着时代的变迁，梅州客家山歌的传承面临着一定的困境。唱山歌的队伍严重老化，不少优秀山歌手相继去世，青少年喜欢唱山歌、听山歌的人数较少，山歌演唱青黄不接、后继乏人的情况日趋严重。保护梅州客家山歌，对于保存中华优秀文化、保存客家文化、丰富客家人的文化生活都具有重要意义。

中山咸水歌

非遗级别：国家级
非遗类别：传统音乐
公布时间：2006年（第一批）
流布区域：中山市

海风轻拂，咸水歌唱。中山咸水歌，这一流传于珠江口沿海一带的疍家文化瑰宝，以其独特的歌唱形式和即兴性，成为中山乃至整个珠三角地区不可多得的文化遗产。它不仅是疍家人自娱自乐的方式，更是他们情感表达和文化传承的重要载体。

中山咸水歌，又称咸水叹、叹哥兄、叹姑妹，源自疍家人的生活实践，承载着他们对大海的敬畏、对生活的热爱和对未来的憧憬。中山坦洲镇咸水歌的历史最为悠久，流传最广，曲目最丰富。每逢节日庆典、婚丧嫁娶，疍家人都会聚在一起，以咸水歌表达情感，抒发心声。中山咸水歌的主要类别包括长短句咸水歌、高棠歌、大缯歌、姑妹歌和叹家姐等。它采用粤方言中山次方言歌唱，衬词用“啊咧”“啊啰”，衬句多用“妹好啊咧”“弟好啊咧”，歌唱的即兴性很强，随字求腔。中山咸水歌的演唱形式多样，既有独唱，也有对唱和合唱。它的演唱场合也多种多样，无论是在船上，还是在田间地头，总能听到咸水歌那悠扬动听的旋律。其代表曲目有《对花》《海底珍珠容易搵》等，这些歌曲旋律优美，情感真挚，深受人们喜爱。

21世纪以来，中山坦洲、民众和东升等镇区都大力开展咸水歌文化传承。2015年，坦洲镇以咸水歌获原文化部授予2014—2016年度“中国民间文化艺术之乡”称号。中山咸水歌的文化价值正被越来越多人认同。

■ 中山咸水歌

■ 惠东渔歌

惠东渔歌

非遗级别：国家级
非遗类别：传统音乐
公布时间：2008年（第二批）
流布区域：惠州市惠东县

“啊哩啰咧，啊哩啰！海蓝蓝，水悠悠，声声渔歌唱艇头，日暮青山秀……”惠东渔歌俗称“后船歌”，主要分布在惠东县沿海港口、巽寮、稔山、盐洲等地的渔村。据《惠东县志》记载，惠东渔民的远祖又称“后船疍民”，宋代从福建、广东潮州一带迁入。渔歌也随疍民迁徙而来，并逐渐演变为具有独特的曲调、风格和表演形式的惠东渔歌。

惠东渔歌的歌词结构主要有两种：一是一唱一和的上、下句结构，多在开头或结尾加衬词、衬句，或开头、结尾皆加衬词、衬句；二是四句式结构，要求一、二、四句或隔句押韵。歌词纯朴简练，深入浅出，内容多为唱海、唱鱼、诉苦、思亲，真实而典型地反映了世代疍民艰辛的海上生活和饱受歧视的悲苦境遇。惠东渔歌是使用潮州方言的无伴奏清唱，有独唱、齐唱、对唱等多种表演形式。音乐曲调也较为丰富，有啊啊香调、啦打嘟调、贤弟调、罗茵调等29种。惠东渔歌的调式、音阶比较独特。调式多为传统的五声音阶，但以宫、徵为多，角、羽次之；还可以是六声或七声音阶，显得比较自由。音阶多用小跳急进排列，级进的一列音多是调性色彩较浓的主和弦音；有时也出现个别大跳，大跳时多以滑音的形式顺着音阶滑跳，使曲调清晰流畅、婉转动听。

惠东渔民长期过着海上漂泊生活，生产单一，生活枯燥，面对大海、蓝天，常常以歌自乐，以歌解忧，故男女老幼人人能唱，且多在终身为家的船上演唱，渐渐又融入节庆、祭祀、婚丧等习俗活动之中。

■ 惠东沿海部分地区有节庆、祭祀、婚丧等活动唱渔歌的习俗

广东醒狮

非遗级别：国家级
非遗类别：传统舞蹈
公布时间：2006年（第一批）
流布区域：佛山市、湛江市遂溪县、广州市

在岭南大地上，每逢节庆或重大活动，总有一种独特的文化现象吸引着人们的目光——那便是广东醒狮。作为南狮的代表，广东醒狮以其独特的表演艺术和深厚的文化内涵，成为岭南文化中不可或缺的一部分。

■ 广东醒狮

■ 醒狮常见于街头喜庆活动

■ 广东醒狮深受群众喜爱

广东醒狮历史可追溯至唐代宫廷狮子舞。随着中原文化的南迁，舞狮文化在岭南地区生根发芽，明代时在南海县形成独特的醒狮文化。醒狮不仅仅是一项民俗活动，它融合了武术、舞蹈、音乐等多种艺术形式，展现了岭南人民的智慧和创造力。在广东，醒狮被视为可以驱邪避害的吉祥瑞物，每逢节庆或重大活动，必有醒狮助兴，长盛不衰，历代相传。广东醒狮的表演形式多样，从传统的地狮到凳狮、高台狮子、高竿狮，再到现代的桩狮，其难度和技艺不断攀升。表演中，舞狮人先以南拳动作“开桩”，随后两人扮演一头狮子，另一人扮演“大头佛”引狮登场。狮子的动作丰富多彩，如“睁眼”“洗须”“舔身”“抖毛”等，而“采青”则是醒狮表演的精髓，具有起、承、转、合的过程，充满戏剧性和故事性。醒狮的制作同样是一门精湛的技艺。狮头的制作讲究精细，额高而窄，眼大能转动，口阔带笔，背宽鼻塌，面颊饱满，牙齿能隐能露。这些细节的刻画，使得醒狮不仅在外观上栩栩如生，更在表演中赋予狮子以生命。

广东醒狮不仅是对狮子形象的生动再现，更是岭南人民精神面貌的体现。醒狮的每一次跳跃、每一个转身，都充满了力量与美感，展现了岭南人民积极向上、勇于创新的精神。在现代社会，每逢节庆，醒狮激荡人心的鼓点，狮子的腾跃起舞，不仅为节日增添了喜庆气氛，更成为了传承和弘扬岭南文化的重要载体。广东醒狮，这一腾跃起舞的南国瑞兽，正以其独特的魅力，继续在新时代的舞台上绽放光彩，传承着千年的文化，舞动着不息的生命。

■ 瑶族长鼓舞

瑶族长鼓舞

非遗级别：国家级
非遗类别：传统舞蹈
公布时间：2008年（第二批）
流布区域：清远市连山瑶族壮族自治县

俗话说，有瑶族就有长鼓，足见长鼓舞在瑶族人民心中的重要地位。长鼓舞为瑶族支系过山瑶的民间舞蹈，因其所用之鼓较小，于20世纪50年代改称小长鼓舞，沿用至今。每到逢年过节、喜庆丰收、婚礼吉庆，特别是祭祖的盘王节，过山瑶村寨就跳起了小长鼓舞。

小长鼓舞的基本动作多为模拟搭屋建房及制作小长鼓的劳动过程，称为表现性动作，分为24个建造房屋和16个制鼓的表现性动作。另有三个程式动作，即“莲花盖顶”“飘摇过海”“行江”，后两个程式动作是过山瑶迁徙生活的舞蹈化概括。其中“莲花盖顶”是最具代表性的程式动作，因要把鼓花中的“小莲花”和“大莲花”技巧，与下肢的基本动律“蹲颤”和“撇拐蹲转”相融合，技巧性最高，难度最大。小长鼓舞素有“七十二套路”之称，就是在表现建房的过程顺序时，将24个表现性动作分别与“莲花盖顶”和“飘摇过海”（或“行江”）两个程式动作相结合，构成相对独立的24套，每套动作按逆时针走向，自东向北、西、南四个方位各表演一次，回到原位后才做第二套动作，具有很强的规则性和方向性。小长鼓是小长鼓舞唯一的舞具，也是为舞蹈提供鼓点节奏的打击乐器。鼓身漆以红色，绘有乌龟背壳花纹，花边以“狗牙花”装饰，体现了瑶族敬奉龙犬及乌龟的图腾崇拜。

小长鼓舞以特有的表现形态，形象反映了过山瑶农耕、游猎和频繁迁徙的艰辛生活，真实记录了瑶族先民搭屋建房的知识和技术，不但对于没有自己文字的瑶族同胞的生存发展有着重要意义，也具有独特的历史、文化价值。

■ 舞蹈动作

■ 长鼓

布马舞

非遗级别：省级
非遗类别：传统舞蹈
公布时间：2006年（第一批）
流布区域：潮州市

在广东潮州地区，流传着一种历史悠久、独具特色的民间舞蹈——饶平布马舞。这种舞蹈不仅承载着丰富的历史文化，更以其独特的表演形式和深厚的艺术内涵，成为岭南文化宝库中的一颗璀璨明珠。

■ 布马舞

■ 布马阵队

■ 武舞

相传，饶平布马舞起源于宋末元初，由江西饶州的制陶师傅传入饶平，受到宋高宗赵构“泥马渡河”传说的启发，结合饶州民间纪念文天祥高中状元的习俗，逐渐发展成一种独特的舞蹈艺术。布马舞最初在春节、元宵及各类庆典活动中表演，后流传至饶平县各地，成为当地重要的文化活动之一。布马舞是一种大道具舞蹈，其主要道具“布马”由不同颜色的布料制成，马身中间留有空洞，供舞者套入操纵。其传统表演阵容为9骑或11骑，以文舞为主，如《状元游街》《六国封相》等，舞步徐缓，舞姿温文尔雅。随着传承的发展，表演阵容不断扩大，舞蹈《辞郎洲》甚至增至24骑，以表现更为悲壮激越、气势磅礴的武舞场面。布马舞的动作丰富多样，包括“抖鞭走马”“跳转身”“抽鞭纵跳”“扬鞭跑马”等，队列图形则有“长蛇开阵”“闯跳四门”“传花编索”“粉蝶采花”等样式，变化多样，呈现出人马合一、群马奔腾的壮观场面。布马舞的音乐伴奏也颇具特色，由早期的汉乐大八音锣鼓配大唢呐，演变为潮州大锣鼓配管弦乐，并采用潮乐曲牌。乐队阵容庞大，音乐雄壮激昂，与舞蹈动作相得益彰。

带着泥土芬芳和山花韵味的饶平布马舞，不仅是对马的生动模仿，更是对饶平地区人民精神风貌的展现。舞者们身着布马，腾跃于舞台之上，仿佛一匹匹骏马在奔腾前行，展现出勇往直前、锐意进取的精神。清新明快的音调、跳跃有力的节奏、雄壮有气魄的风格，也使其充满了热烈的喜庆气氛和浓厚的地方韵味。

舞鹰雄

非遗级别：省级
非遗类别：传统舞蹈
公布时间：2006年（第一批）
流布区域：湛江市廉江市

身着彩服的“鹰”扑腾而出，龙头、麒麟身、凤尾的“雄”紧追其后，“鹰”跨步跳跃，蹬腿展翅，一个360度腾空旋转巧妙躲避，几个扑腾用腹部顶住碗口大的长杆。这是由廉江市篁竹村等十三条自然村在正月十四联合举办的舞鹰雄巡游活动。

舞鹰雄有鹰、雄、大头佛、猴子四个角色，由1人舞鹰，2人舞雄，大头佛和猴子各1人。鹰具造型突出尖嘴、宽翅、利爪，以显鹰的雄姿，并以展翅、守窝、扑食、点水等动作表现其矫健、敏捷和勇猛；雄具造型为龙头、麟角、豹身、凤尾，显得强悍威武，又以快速地摇头、摆尾、喷水、铲地等动作表现其凌厉凶猛。表演时，鹰在前，雄在后，在锣鼓声中相互对阵，配合默契，有醒鹰雄、过桥、采地青、采天青等套路。其中采天青难度最大，但也最为精彩，是整个舞蹈的高潮。此时由舞鹰者运用气功，肚顶杆头，再由4名壮汉将木杆竖起，鹰便“飞”上4米高的杆头，并在空中自如旋转，做出“展翅摩云”“仙人打伞”“飞瀑流泉”

■ 采天青

等高难度危险动作。舞鹰雄带有戏剧性和故事性，拟人化的鹰、雄是主角，互相猜疑而引起争斗，消除误会后又和好如初。大头佛、猴子为配角，先是在鹰、雄之间搬弄是非，最后又去息事宁人，具有小舞剧色彩。

舞鹰雄以武术为基础，集舞蹈的跳跃动作、音乐的旋律和杂技的惊险于一体，已有近300年历史。当地村民认为鹰、雄能驱邪镇妖，于是人们便模仿鹰、雄嬉戏相斗的情景，创造了舞鹰雄这一民俗活动，以贺节日，迎祥纳福。

■ 舞鹰雄

■ 阳山双凤舞

阳山双凤舞

非遗级别：省级
非遗类别：传统舞蹈
公布时间：2007年（第二批）
流布区域：清远市阳山县

“田心鹤，迳下猫，东江龙，旱坑凤。”这句在粤北阳山县的农村中流传的民谣，说的是清远市阳山县一种古老而神秘的民间舞蹈——阳山双凤舞。这种舞蹈不仅承载着当地人民对美好生活的向往，更以其独特的艺术形式，展现了岭南文化的深厚底蕴。

阳山双凤舞据传起源于明万历年间，由肇庆怀集传入，至今已有140多年的历史。

相传，这一舞蹈源自古时阳山县邓家寨梧桐树上的一对凤凰，它们随牧童笛声而起舞，带来了风调雨顺、五谷丰登的吉兆。从此，凤凰便被视为吉祥的神鸟，人们编织凤凰道具，配以乐器，以驱邪消灾、迎祥纳福。阳山双凤舞的道具制作精美，以竹篾青编扎凤颈、凤身、凤翅，色纸裱糊，木雕头饰，火红凤冠，细篾片弯成的凤尾，以及红黄两色布片粘帖的羽毛，全长可达400厘米，翅展宽180厘米。舞者钻进凤身，通过腹部的开口操纵凤头、凤嘴和凤翅的动作，以脚带动全身，展现出凤凰的灵动与优雅。表演中，引凤人手持羽匣引领双凤，舞凤人、扛旗人及乐师各司其职，随着锣鼓和唢呐的节奏，双凤或引颈长鸣，或飞扑跳跃，或交颈扫羽，妙舞相嬉，栩栩如生。舞蹈动作流畅，气氛欢快热烈，充满了浓郁的乡土气息。

除了节庆表演之外，遇上农村中有乔迁新居、嫁娶、寿诞等喜庆之事，当事人必礼聘“双凤”舞之，以为庆贺。阳山双凤舞不仅是对凤凰形象的生动再现，更是对当地人民精神风貌的展现。舞者们身着凤凰道具，翩翩起舞，如同凤凰展翅，舞姿翩若惊鸿，展现出一种超凡脱俗、优雅从容的气韵。每一次的舞动，都是对美好生活的向往、对吉祥幸福的祈愿。

■ 交颈扫羽

粤剧

非遗级别：国家级
非遗类别：传统戏剧
公布时间：2006年（第一批）
流布区域：广州市、佛山市

在岭南文化的璀璨星河中，粤剧犹如一颗耀眼的明星，以其独特的艺术魅力和深厚的文化底蕴，照亮了广东乃至海外华人的文化生活。作为广东地区最具代表性的戏曲形式，粤剧不仅承载着丰富的历史底蕴和地域特色，更以其独有的表演艺术和音乐风格，成为连接海内外华人情感的文化纽带。

粤剧，又称广府戏、广东大戏，流行于珠江三角洲等广府民系聚居地，是广东、广西粤方言区最大的剧种。粤剧源自南戏，并受到明末清初传入广东的弋阳腔、昆腔等诸腔和珠江三角洲民间音乐的影响，在清代咸丰、道光年间逐渐成为具有地方特色的剧种。粤剧基本声腔为梆子、二黄，兼有高腔、昆腔及广东民间说唱、小曲杂调等。粤剧乐队最初由二弦、月琴、三弦、竹提琴、箫“五架头”组成，后又陆续吸收了其他一些新式乐器。粤剧原有末、生、旦、净、丑、外、小、夫、贴、杂等十大行当，后精简为文武生、小生、正印花旦、二帮花旦、丑生、武生六类。粤剧表演带有质朴粗犷的特色，拥有单脚、滑索、运眼、小跳、拗腰等绝技。其武打以南派武功为基础，靶子、手桥、少林拳及高难度的椅子功和高台功都十分出色。此外，粤剧还广泛吸收广东音乐、广绣、牙雕、陶瓷、灰塑等地方艺术形式，充分体现了广府民系群落的地域文化传统，辐射范围遍及全球各地，在世界华人中具有极强的文化凝聚力。其传统剧目主要有《一捧雪》《二度梅》等所谓“江湖十八本”，后又出现《黄花山》《西河会》等“新江湖十八本”和《苏武牧羊》《黛玉葬花》等“大排场十八本”，其他代表性剧目还有《火烧阿房宫》《宝莲灯》等。

有着“南国红豆”美誉的粤剧，承载着粤港澳人民的家乡情怀，表现出了中华优秀传统文化的厚重美感。无论是在传统的节日庆典、神诞庙会等活动上，还是在日常戏剧班子的演出中，它都有着一批忠实观众。它以海纳百川的胸怀，不断地吸收、借鉴、学习其他艺术形式为己所用，也因此成就了其岭南文化明珠的重要地位。

■ 粤剧表演

■ 八和会馆

■ 陆丰皮影戏

陆丰皮影戏

非遗级别：国家级
非遗类别：传统戏剧
公布时间：2006年（第一批）
流布区域：汕尾市陆丰市

在广东省东南部的碣石湾畔，一种古老而又神秘的戏剧形式——陆丰皮影戏，历经千年的风雨，依旧以其独特的魅力吸引着世人的目光。陆丰皮影戏作为中国三大皮影系统之一潮州皮影的唯一遗存，承载着深厚的历史价值、教育价值和艺术价值。

陆丰皮影戏，这一光影流转中的千年艺术，发源自宋代，盛行于明清，至民国时期已广泛流传。它不仅继承了古代闽南语系的基因，更融入了海陆丰地区的民间习俗，形成了独具特色的地方风格。陆丰皮影戏的唱腔音乐丰富多彩，绘画雕刻精致细腻，表演生动逼真，制作工艺也十分讲究，从选皮、制皮、雕刻到上色、装配，每一步都需精心操作，也由此获得了广大观众尤其是少年儿童的喜爱。皮影人物造型别致、线条流畅、色彩鲜艳，极具艺术感染力。在表演过程中，艺人们通过操纵竹签，使皮影人物在光影中翩翩起舞，再配以独特的唱腔和音乐，讲述一个个动人的故事。陆丰皮影戏的演出内容丰富多样，既有传统的神话传说、历史故事，也有反映现实生活的小戏小品。其中，《战恶兽》《鸡与蛇》《龟兔赛跑》等剧目更是广受好评。皮影戏班的足迹遍布广东、福建等地，多次赴京演出，为陆丰皮影戏赢得了极高的声誉。

在过去，逢年过节、喜庆丰收、祈福拜神、嫁娶宴客、添丁祝寿，都少不了搭台唱影。有一个庙会里甚至会出现几个影班搭台对擂唱影，热闹非凡。艺人们通过皮影戏表演，向神明表达敬意和感恩，同时也为乡亲们带来欢乐和祝福。

■ 皮影戏是一种光影艺术

木偶戏

非遗级别：国家级
非遗类别：传统戏剧
公布时间：2006年（第一批）
流布区域：广州市、高州市

广东木偶戏，又称“岭南木偶戏”，其历史源远流长，可追溯至宋代。随着南宋朝廷南渡，浙、闽两地的木偶戏艺人将这一艺术带入广东，在粤西地区生根发芽，并逐渐传播至全省。经过数百年的发展，广东木偶戏在清末民初形成了自己独特的艺术风格，至今已有100多年的历史，成为岭南文化的重要组成部分。

■ 广东木偶戏

■ 杖头木偶

广东木偶戏的木偶制作技艺精湛，分为杖头木偶、布头木偶、提线木偶三大类，每一类都根据传统地方戏剧的行当特点精心设计，生、旦、净、末、丑角色齐全，栩栩如生。特别是木偶眼睛的联动装置，使木偶能够顾盼传神，更添生动。表演技法上，广东木偶戏细腻传神，操纵艺人通过自身的动作和身段带动木偶，无论是坐立、踱步还是武打功架，都表现得淋漓尽致。木偶戏音乐则多由山歌、粤剧曲牌、粤曲小调、汉剧等曲调演变而成，采用七字句或十字句的韵文组合，既有传统韵味，又不乏现代气息。传统木偶剧目有《芙蓉仙子》《孙悟空三调芭蕉扇》《张羽煮海》等。

广东木偶戏含蓄细腻，其表现内容与岭南地区的民风民俗、宗教信仰紧密相连，在过去，木偶戏常作为城隍庙、乡村神诞庙会的重要表演项目，用以祈求神灵的庇护和祝福。作为岭南古韵中的灵动艺术，广东木偶戏承载着岭南特色传统文化，也保存了广府人民的悠远记忆。

花朝戏

非遗级别：国家级
非遗类别：传统戏剧
公布时间：2006年（第一批）
流布区域：河源市紫金县

■ 花朝戏表演

“灯草拿来搭桥过，一心相爱敢同行。”唱词浅白如同日常对话，这是花朝戏的特点之一，同时它也被誉为“山沟里的山茶花”。花朝戏源于紫金县乡村的“神朝”祭祀仪式，用客家话演唱，流行于广东省东部客家地区。

明清以来，紫金县“神朝”乐舞深受乡民喜爱。后来神朝艺人为取悦观众，常在仪式后以小曲演唱逸闻趣事。这种表演俏皮诙谐，同虔诚肃穆的神朝形成鲜明对比，人们更加喜爱，称之为“花朝”。清末民初，艺人叶春林组织定长春班专门演出花朝，逐渐形成花朝戏。花朝戏在发展过程中积累了上百个传统剧目，代表剧目有《秋丽采花》《卖杂货》《三官进房》等。曲白浅显易懂，常用俚语、歇后语、双关语。唱腔音乐主要由神朝腔和民间小调组成，有时也采用客家山歌。角色行当一般只有小生、小旦、小丑三种，有扇花、手帕花、弯勾脚、穿心手等特色技艺。花朝戏的传统剧目题材多取自民间传说，大都宣扬惩恶扬善、忠贞爱国、婚姻自由等积极主题。客家人所崇尚的儒家思想及耕读传家、崇文重教等人文观念在花朝戏中得到充分的展示。新中国成立后，紫金县花朝戏剧团创作演出了《苏丹》《紫云英》等现代戏，其表演艺术有了很大提高。

花朝戏，是全国336个传统剧目中的一个，属于稀有剧种。近年来，紫金县花朝戏剧团创作了《烈火红颜》以及小戏《溪水长流》《守土情深》《收网行动》等，移植了《婚姻大事》《十里花香》《浪子情缘》等一批大型剧目，并屡获大奖，每年演出上百场。

■ 潮剧表演

潮剧

非遗级别：国家级
非遗类别：传统戏剧
公布时间：2006年（第一批）
流布区域：潮州市、汕头市、揭阳市

岭南有雅调，古戏传精神。在岭南文化的宝库中，潮剧以其独特的艺术魅力和深厚的文化底蕴，成为连接古今、沟通海外的重要桥梁。潮剧，这一用潮州方言演唱的地方戏曲，不仅是宋元南戏的珍贵分支，更是中华民族优秀文化传统的重要承载者。它以400多年的悠久历史，讲说着潮汕地区乃至整个岭南地区的文化故事。

潮剧，又名潮音、潮调、潮州戏等，是闽南语系剧种之一。作为岭南文化中的一朵奇葩，其历史源远流长，自宋元时期流传至今，已经成为粤东、闽南、中国台湾、中国香港及东南亚等地文化生活中不可或缺的一部分。潮剧的剧目可分为宋元南戏、明清传奇、文明戏和新编历史剧等类别，拥有2000多个剧目。其中，《荔镜记》《苏六娘》《刘明珠》等传统剧目，以及《扫窗会》《杨令婆辩十本》《闹钗》等折子戏，都是潮剧中的精品，展现了潮剧艺术的精华。潮剧的表演艺术以生、旦、丑三个行当最为突出，特别是丑角的扇子功和溜梯功，以其独特的表演技艺在戏曲界享有盛誉。潮剧的音乐属曲牌联套体，唱腔南北曲，声腔曲调优美，轻俏婉转，善于抒情。潮剧的打击乐器均有定音，伴奏具有复调和声之美，为许多兄弟剧种所仿效。潮剧的演唱用真声，唱念用古谱“二四谱”，韵味浓郁，其曲调包括轻三六调、重三六调、活三五调及反线调等，各具特色。

传统节日或重要的民间庆典中常常有潮剧演出的身影，这不仅加深了潮剧与民间信仰的联系，也丰富了潮剧的文化内涵。潮剧剧目丰富，表演形式多样，音乐优美动听，深受广大观众的喜爱。在历史的长河中，潮剧不仅见证了中国戏曲的发展，也承载了潮汕人民的集体记忆和文化情感，具有深刻的历史意义和较高的审美价值。

潮剧登上庆典舞台

戏服道具

采茶戏

非遗级别：国家级
非遗类别：传统戏剧
公布时间：2011年（第三批）
流布区域：韶关市

■ 采茶戏

在粤北的青山绿水间，流传着一种充满乡土气息的民间小戏剧种——采茶戏。这种源于明清时期福建、江西采茶山歌和小调的艺术形式，不仅承载着客家人深厚的文化底蕴，更以其独特的表演风格和丰富多样的剧目，在岭南戏剧中占有一席之地。

粤北采茶戏，又称“唱花灯”“唱花鼓”“唱大茶”，是一种深受客家人喜爱的传统戏剧。它最早随客家人迁徙传入粤北地区，并逐渐发展成为具有地方特色的文化习俗。它曾有“南雄灯子”“韶南大茶”“连阳调子”三大流派，在清末民初盛极一时。如今，粤北采茶戏主要分布在韶关市及其所辖各县的客家地区，在连州、阳山一带也有流传，是客家文化的重要组成部分。粤北采茶戏的表演行当由最初的二旦一丑发展为生、旦、净、丑四个行当，其中丑角的表演尤为突出，成为剧种喜剧特色和谐趣风格的关键。在表演程式上，粤北采茶戏融合了花灯歌舞的身段、台步、套路，并从生活中提炼，形成了矮子步、扇子花、耍彩巾、单袖筒等富有特色的表演形式。唱腔曲调方面，粤北采茶戏有采茶调、彩调、路调、杂调等四类，以采茶调为主要曲调，其唱腔结构属于曲牌联缀体，后加入板式变化，产生散板、中板、快板等。传统剧目内容丰富多彩，既有颂扬婚姻自由的《磨豆腐》《双双配》，也有宣扬惩恶扬善和家庭和谐的《卖杂货》《打狗劝夫》，以及鞭挞讽刺社会丑恶现象的《阿三看姐》《打面缸》等。

粤北采茶戏的辐射范围远及粤东、赣南、湘南与桂东客家地区，是客家人精神文化生活的重要组成部分。近年来，采茶戏蓬勃发展，曲江采茶剧团的《借婚记》《月亮湖畔》，韶关市采茶剧团的《霜雪山梅红》《阿添牯》等现代戏精品，好评如潮，受到广泛赞誉。

■ 粤北采茶戏是客家文化的重要组成部分

致谢

“雅藏岭南”丛书出版过程中，得到了多方助力，尤其在图片搜寻和提供方面。

因丛书编写先举纲后选目，再按迹以索图，其间幸赖南方日报视觉中心，南方日报汕头分社、梅州记者站、惠州分社、江门分社、湛江分社、清远分社、揭阳记者站，南方都市报的大力支持，深为铭感，特致谢忱！

由于供图来源多端，在书中未能一一注明，谨此具名以致谢（排名不分先后），挂一漏万处，敬请见谅！

《诗词里的岭南》：图虫创意、视觉中国、Fotoe、雅昌文化等。

《古画里的岭南》：广东美术馆、广州艺术博物院（广州美术馆）、雅昌文化、佃锐东等。

《古建里的岭南》：视觉中国、Fotoe、图虫创意、丹灶镇宣传文体旅游和教育办公室、阳江日报社、惠阳高级中学，张声金、程建军、徐佩英、刘再扬、谢锦树、黄其营等。

《节庆里的岭南》：广东省摄影家协会、云浮日报社、容桂街道办事处、视觉中国、汇图网、图虫创意，谢锦树、冯文超、麦树钿、郑健邦、苏润、郑坚、郭怀忠、李程、黄华养、龙建平、汤跃范、黄庆明等。

本丛书编写历时较长，文图改易频多，部分方家的供图因篇目删改未能选入，殊深歉疚，亦请谅宥。丛书内容涉及文学、艺术、建筑、民俗、历史诸多专业领域，疏舛之处在所难免，请读者方家指正。

《雅藏岭南》编委会

2024年6月